パンの教科書
ビギナーズ

これなら
できそう!

パン&お菓子教室「ア・ターブル」主宰
栗山有紀

パンの教科書ビギナーズ　目次

- 6　この本の使い方
- 8　プロローグ　**パン作りを始める前に**
- 10　まず揃えたい材料と道具はこれだけ！ここまで揃えればどんなパンだってできる！

1章　7種類の基本のパン　食事パン

- 16　作ってみたい食事パン　第1位　山形食パン
- 22　作ってみたい食事パン　第2位　クロワッサン
- 28　作ってみたい食事パン　第3位　バターロール
- 34　プチパン
- 40　バゲット
- 46　パン・ド・カンパーニュ
- 52　パン・オ・レ

2章　基本のパンをアレンジ　おかずパン

- 60　作ってみたいおかずパン　第1位　ソーセージロール
- 62　作ってみたいおかずパン　第2位　カレーパン
- 64　作ってみたいおかずパン　第3位　コーンマヨロール

- 66 ハムチーズパン
- 68 ほうれん草のパン
- 70 じゃがいものパン
- 72 ベーグル
- 74 ベーグルのバリエーション①　ブルーベリーとクリームチーズ
- 75 ベーグルのバリエーション②　玉ねぎと黒こしょう
- 76 ピザ
- 78 フォカッチャ
- 80 ナン
- 82 ひき肉とひよこ豆のカレー
- 84 肉まん
- 86 タルトフランベ
- 88 イングリッシュマフィン
- 90 ベーコンエピ
- 92 黒オリーブの全粒粉パン

3章 基本のパンをアレンジ おやつパン

- 96 作ってみたいおやつパン 第1位　メロンパン
- 98 作ってみたいおやつパン 第2位　クリームパン
- 100 作ってみたいおやつパン 第3位　シナモンロール
- 102 ショコラパン
- 104 栗のパン
- 106 パン・オ・ショコラ
- 108 クイニーアマン
- 110 あんぱん
- 112 いちごとあんこのプチパン
- 114 ブルーチーズとプルーンのプチバゲット
- 116 ラスク
- 118 いちじくとくるみのカンパーニュ
- 120 ドーナツ
- 122 サバラン

- 124 キャラメルロール
- 126 シュトーレン
- 128 クグロフ

4章 変わり種パンに挑戦！ 天然酵母と米粉のパン

まず、自家製天然酵母を作ってみよう！

- 133 天然酵母パン①　パン・オ・ルヴァン
- 134 天然酵母パン②　クランベリーとチョコチップのプチパン
- 138 米粉パン①
- 140 米粉パン②　黒ごまパン
- 144 米粉パン③　豆のプチパン
- 145 米粉の食パン

5章 発酵なしの超お手軽パン クイックパン

- 148 蒸しパン①　バニラ
- 150 蒸しパン②　カフェオレ
- 151 蒸しパン③　抹茶あずき
- 152 マフィン①　プレーン
- 154 マフィン②　チーズ
- 155 マフィン③　ブルーベリー
- 156 マフィン④　カントリーチョコレート
- 157 マフィン⑤　キャラメルバナナ
- 158 ソーダブレッド
- 160 グッド・プレイン・ビスケット
- 162 スコーン
- 164 アスパラとソーセージのケークサレ
- 166 グリッシーニ

本書の決まり

- 2〜3章のパンは、1章の基本のパンをアレンジしていますが、材料の配合や分量は変わることもあります。それぞれのページごとに、材料表を確認してください。
- 粉は国産小麦粉、ドライイーストはインスタントドライイースト、バターは無塩バター、卵はMサイズを使用しています。
- パンをこねるときは、特別に指定がなければ、テーブルや調理台の上でかまいません。ただし、生地をたたきつけるので、不安定な場所は避けてください。
- 生地や台にふる打ち粉(強力粉)は、記載がない限り使用していません。打ち粉はふりすぎるとかたい生地になりがちなので、どうしてもまとまらない場合やべたつくときのみ、少量をふってください。
- オーブンは電気オーブンを使用しています。ガスオーブンを使う場合は、10℃下げて焼いてください。オーブンは機種によって焼き加減が変わります。お手持ちのオーブンの特徴を知り、様子を見ながら温度や時間を調節してください。
- 発酵は、特別に指定がなければオーブンの発酵機能を利用しています。
- 計量カップは200mlです。計量スプーンの大さじは15ml、小さじは5mlで、すり切りで計ります。
- 1度に生地が焼けない場合は、発酵速度を変えて二次発酵させます。後で焼く分の生地は、キャンバス地に入れて室温発酵させましょう。ただし、室温で二次発酵させるものは、室温よりも温度の低いところ(冷蔵庫など)で発酵を遅らせます。このとき、生地を乾燥させないように気をつけてください。

Staff
パン制作・スタイリング＊栗山有紀
パン制作アシスタント＊古山理恵、池田葉子
撮影＊西田嘉彰(スタジオバンバン)
本扉デザイン＊大薮胤美(フレーズ)
本文デザイン＊室田敏江、水谷歩美
　　　　　　　(株式会社志岐デザイン事務所)
編集協力＊株式会社フロンテア
撮影協力＊パナソニック株式会社

6章 スイッチひとつで出来上がり ホームベーカリーパン

- 170 トマトとバジルのパン
- 172 オレンジ食パン
- 174 ミルクティーパン
- 176 ブリオッシュ
- 178 バナナショコラ
- 180 はちみつ食パン
- 182 生クリーム食パン
- 184 黒豆きな粉パン
- 186 玄米ごはんの食パン
- 188 ライ麦とくるみのパン
- 190 レーズン食パン

この本の使い方

1章の7種類の基本のパンと4章の「天然酵母のパン」「米粉のパン」は、手順を細かく追い、はじめての人でも無理なく作れるようにしました。また、そのひとつひとつに写真を入れることで、作業の流れがひと目で分かり、手を止めることなくスムーズに取りかかれるようになっています。

ここがPOINT 失敗しやすい部分や出来上がりに差が出る部分などは、詳しく説明を入れています。しっかりチェックして作りましょう。

作ってみたい食事パン 第3位

バターロール

卵黄を入れるバターロールは、ふんわりソフトな食感が特徴です。生地が扱いやすく、発酵力もあるので、はじめてのパン作りにも向いています。成形は少しコツがいるので、要チェックです。

1章 7種類の基本のパン

ランキング
パン作りに興味のある女性100人に聞いた「作ってみたいパン」の結果を順位づけしました。1章の食事パン、2章のおかずパン、3章のおやつパン、それぞれに1〜3位をマークしています。マークのないものは、アンケートを含めた人気のパンを載せています。

失敗しない 5つのポイント

2 材料の温度を調節する
おろそかにできないのが、生地の温度管理です。バターや卵、牛乳などの材料は、1時間くらい前に冷蔵庫から出して常温に戻しておきます。温度の指定がある場合は、温度計できちんと計りましょう。水も、基本的に35℃前後のぬるま湯を使います。

1 正確に計量する
パン作りでは、わずかな分量の差が発酵具合などに影響してきます。計量はアバウトにせず、正確に計って使いましょう。はかりは1g単位まで計量できるデジタルタイプがおすすめです。

道具
一般的にキッチンに置いてあるもの（ラップやぬれぶきんなど）は省いています。レシピに記載のない温度計は、ぬるま湯など、生地に混ぜ込む水分の温度を測るため、タイマーは発酵時間などを測るために使います。

下準備
オーブンは、焼くときまでに予熱しておきますが、発酵時にも使うので、二次発酵が終わったらすぐに予熱をかけるようにします。

作業名
パン作りは、「こねる」「一次発酵」「ガス抜き」「ベンチタイム」「成形」「二次発酵」「焼く」の7つが基本の流れです。

手順
大まかな手順を入れて、作り方の流れが分かるようにしています。ひとつの作業で手順が次ページに続く場合は矢印を入れています。

手順の写真
手順に合わせた写真を載せています。写真の状態を参考にして作りましょう。

手順の説明
詳しい作り方を説明しています。

アイコン
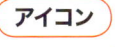

一次発酵、二次発酵の温度と時間、オーブンで焼くときの温度と時間を表示しました。

時間
それぞれの作業時間やトータル時間はあくまでも目安です。また、下準備やトッピングの時間は含まれていません。

材料
おいしいうちに食べきれる量にしています。

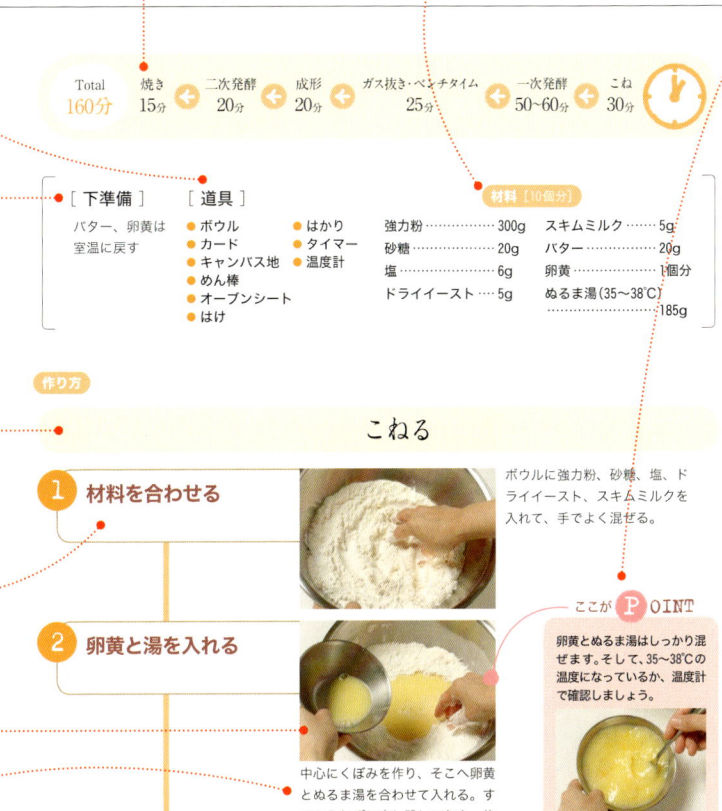

5 温度や時間は目安に
ベンチタイム、発酵時間、焼き時間とその温度はあくまでも目安です。季節や室温、オーブンの種類などによって変わってきますので、ふくらみ具合や焼き具合を見て調節してください。発酵時間は、一般的に、冬は長めに、夏は短めになります。

4 生地を乾燥させない
発酵やベンチタイムのときは、レシピにしたがってラップやぬれぶきんをかけたり、天板に熱湯の入ったマグカップをのせるなど、生地を乾燥させないように気をつけてください。また、分割や成形のときも、使わない生地はキャンバス地をかぶせておくことが大切です。

3 水分は調節しながら入れる
粉にぬるま湯などの水分を加えるときは、後で調整が効くように、少し残した状態でこね始めましょう。こねていくうちに生地がまとまってきたら、水分は加えなくてOK。いつまでもパサつく場合は、様子を見ながら加えましょう。

プロローグ パン作りを始める前に

まず揃えたい
材料と道具はこれだけ！

パンを作るためには、まず、必要な材料と道具を揃えるところから始まります。パン作りに必要なものは、意外とシンプルです。ここでは、必ず用意したい材料と道具をピックアップしました。すべてのパンは作れませんが、ある程度は網羅できると思います。キッチンに揃っているものも多いので、買い足すものは少ないはず！

材料

砂糖

甘味料としても使いますが、パン作りではイーストの栄養源としての役割を持っています。砂糖もいろいろ種類がありますが、普通の上白糖を使います。

塩

焼き上がりの食感を左右する大切な材料です。パンに塩味をつけるだけでなく、生地のコシを強くするために使います。はかりで正確に計量してから使います。

バター

パン生地ののびがよくなり、風味豊かに仕上がります。クロワッサンでは折り込み用に欠かせません。パン作りには無塩バターを使います。

強力粉

パン作りに欠かせないのが小麦粉。小麦粉にはいろいろな種類がありますが、パン作りに使うのは強力粉です。めん棒や台に生地がつかないようにふる、打ち粉としても使います。

卵

卵を入れると、しっとりしたパン生地になります。卵黄だけ使うことも。焼く前に生地に塗るとつや出し効果があります。基本的に、使う1時間前に冷蔵庫から出して室温に戻します。

イースト

パンをふっくらさせるために必要です。イーストが発酵することで炭酸ガスが発生し、生地がふくらみます。生イーストとドライイーストがありますが、予備発酵がいらないドライイーストがおすすめ。

道具

ボウル

材料を入れて混ぜたり、こねたりするときに使う大きめのものと牛乳や卵を入れるときに使う小さめのものがあると便利です。ステンレスが丈夫でおすすめです。

めん棒

生地を台の上でのばしたり、ガス抜きするために使います。長さは30〜40cmのものが適当。ガス抜きしやすいように表面に凹凸加工がしてあるめん棒もあります。

牛乳

パンにコクが出て、ふんわりとソフトな食感になります。また、牛乳に含まれる糖分が焼き色をよくします。パン・オ・レの場合は、生地の水分がほぼ100％牛乳です。

スキムミルク

脱脂粉乳。牛乳と同じような目的ですが、水分量の調整がない分、手軽に使えます。保存期間が長く、ストックできるので便利です。

カード

生地を切り分けたり、台やボウルにこびりついた生地をこそげとるのに使います。本書では手で混ぜるのが基本ですが、混ぜるのにも便利です。ドレッジとも呼びます。

はかり

おいしいパンを作るために、絶対に必要なはかり。できれば、1g単位まで正確に計量できるデジタル式のはかりがおすすめです。

オーブンシート

オーブンの天板に敷いて使います。使い捨てタイプの他、洗って何度も使えるシリコン製のものもあります。

温度計

粉に加えるぬるま湯などの温度を計るために使います。また、パン生地にさしてイースト菌が活動しやすい温度を確認することも大切です。

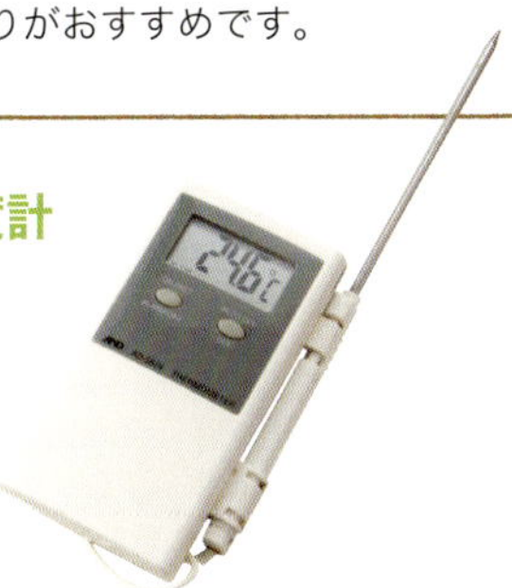

もちろん、こんな道具も使います！

☐ 生地表面の乾燥を防ぐ **ラップやぬれぶきん**

☐ 生地を焼くための **オーブン**
※本書は電気オーブンを使用しています。

ここまで揃えればどんなパンだってできる！

パン作りに慣れてきたら、難しいパンや変わり種パンにも挑戦したくなるでしょう。ここで紹介する材料と道具は、本書で使うほとんどすべてのものを載せています。1度に揃えると大変ですが、とりあえず作りたいパンの材料と道具を買い足してみましょう。いろいろなパンが作れると、楽しみが二倍、三倍にふくらみます。

材料

フランスパン専用粉
小麦粉のなかでも、とくにフランスパン専用として開発されたもの。バゲット作りに。

パン用米粉
米を製粉したもの。小麦粉のパンとは違う、もちもちした食感のパンができます。

全粒粉
小麦の表皮や胚芽などをまるごとひいた粉。素朴な味わいのパン作りに。 

ライ麦粉
ライ麦をひいて粉にしたもの。繊維質が豊富で、風味がある素朴なパンになります。

クリームチーズ

生地に巻きこんで焼いたり、シナモンロールのアイシングなどにも使います。

ベーキングパウダー

ふくらし粉。無発酵パンを作るときなどにイーストの代わりとして使います。

バニラビーンズ

バニラを発酵・乾燥させたもの。独特の甘い香りが楽しめます。写真はさやつき。

麦芽を粉にしたもの。発酵促進作用があり、バゲットを作るときなどに使います。

モルトパウダー

レーズン

干しぶどう。ラム酒などの洋酒に漬けこんだものを使うと、豊かな香りが楽しめます。

グラニュー糖

さらさらとした砂糖。焼く前や、焼き上がったパンにふりかけて使います。

甘みのあるサクッとした食感のナッツ。生地に混ぜて焼くと、香ばしくておいしい。

くるみ

味にコクがでて、ふわふわとした食感のパンになります。ホイップしてのせることも。

生クリーム

パン用めん棒

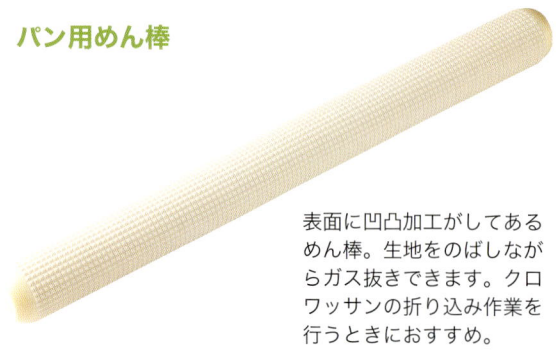

表面に凹凸加工がしてあるめん棒。生地をのばしながらガス抜きできます。クロワッサンの折り込み作業を行うときにおすすめ。

大理石板

熱が伝わりにくい大理石板。クロワッサンなど、冷やした生地をのばすときに使います。

道具

パイカッター

回転する歯で切るカッター。クロワッサン生地を切り分けたりするときに使います。

粉ふるい、茶こし

大きい方の粉ふるいは粉類をボウルにふるい入れるとき、茶こしは粉糖などをふるときに。

キッチンタイマー

調理時間を計るタイマー。パン作りでは発酵時間の管理が大切になります。

泡立て器

水分の多い材料を混ぜ合わせたりするときに使います。生クリームのホイップにも。

型

生地を入れて焼く型。四角い食パン型、中央が抜けるクグロフ型などがあります。食パン型は、山形にも角型にも焼けるふたつきのものがおすすめ。

発酵かご

カンパーニュなどの生地を入れて発酵させるためのかご。パンに模様がつき、大きな生地も形がくずれずに発酵できます。

セルクル

底のない焼き型。イングリッシュマフィンやクイニーアマンを焼くときに使います。

キャンバス地

生地を乾燥させないようにかぶせて使います。手芸用品店や画材店などで購入可能。厚手のふきんでも代用できます。

ケーキクーラー

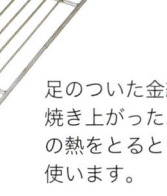

足のついた金網。焼き上がったパンの熱をとるときに使います。

クープナイフ

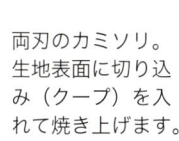

両刃のカミソリ。生地表面に切り込み（クープ）を入れて焼き上げます。

パン切り包丁

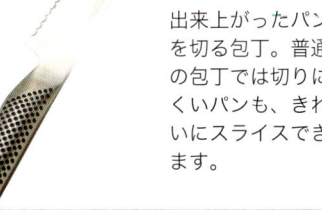

出来上がったパンを切る包丁。普通の包丁では切りにくいパンも、きれいにスライスできます。

はけ

溶き卵やバターなどを生地に塗るときに使います。天然毛、ナイロン製どちらでもOK。

7種類の基本のパン
食事パン

パン作りの基本材料は、強力粉、イースト、砂糖、塩、バターです。
これに卵や牛乳などを加えたり、配合を変えることで、
いろいろなパンが楽しめるようになります。
ここでは7種類の生地を作り、
アレンジなしのベーシックなパンを焼き上げます。
どれもおなじみの食事パンばかりです。

パン作りに興味のある女性100人に聞きました！

作ってみたい食事パンは？

第1位 山形食パン

第2位 クロワッサン

第3位 バターロール

ダントツ1位が食パンでした。やはり、ふだんからよく食べるパンが人気のようです。しかも食パンは、焼きたてのおいしさがピカイチ！ 手作りパンの醍醐味は、焼きたてが食べられることでもあります。納得のいく結果ですね。2位にはクロワッサン、3位にはバターロールと、いずれも人気の高い食事パンが続きました。

山形食パン

作ってみたい食事パン 第1位

ふっくらふくらんだ山形食パンは、サクッと軽い食感で中はフワフワ。
焼きたてはもちろんおいしいですが、
トーストにしてもカリッと香ばしくいただけます。
朝から手作りパンが食べられる幸せ、
味わってみてはいかがですか。

1章 7種類の基本のパン

| Total 190分 | 焼き 30~35分 | 二次発酵 35~45分 | 成形 5分 | ガス抜き・ベンチタイム 30分 | 一次発酵 60分 | こね 30分 |  |

[下準備]
型にバター(分量外)を塗る

バターは室温に戻す

[道具]
- 食パン型(1.5斤用)
- はけ
- ボウル
- カード
- キャンバス地
- はかり
- タイマー
- 温度計

材料 [食パン型1.5斤分]
- 強力粉 …………… 375g
- 砂糖 …………… 18g
- 塩 …………… 8g
- ドライイースト …… 6g
- スキムミルク ……… 10g
- バター …………… 25g
- ぬるま湯(35~38℃) … 245g

作り方

こねる

1 材料を合わせる

ボウルに強力粉、砂糖、塩、ドライイースト、スキムミルクを入れて、手でよく混ぜる。

2 ぬるま湯を入れる

中心にくぼみを作り、そこへぬるま湯を入れる。湯は少し残しておき、後で水分量を調整するとよい。

3 混ぜ合わせる

手でこねるようにして混ぜ、粉っぽさがなくなったらひとまとめにする。生地がかたいようなら残りのぬるま湯を入れる。このとき、生地はベタつくくらいでOK。

④ 台に出してたたく

生地を片手で持ち、台にたたきつけるようにしてのばし、丸くまとめる。これを約15分繰り返し行う。

⑤ バターを混ぜ込む

バターを小さくちぎって生地の上にのせ、練り込ませるようにして混ぜる。

ここが POINT

カードで生地を3分割にしてそれぞれにバターを練り込み、ある程度混ざったところでひとつにまとめると均等に混ざります。

⑥ さらに台の上でたたく

④と同じように約10分たたき、生地の表面が細かくなめらかになるまで行う。

⑦ グルテン膜のチェック

生地を薄くのばし、透けるような膜が張っていたら発酵に移る。のばしたときに生地が切れてしまうようなら、こね不足なので再度たたく。

一次発酵

⑧ ボウルに入れて発酵させる

発酵 30℃・60分

生地を丸く整えてバター（分量外）を塗ったボウルに入れ、ラップをかぶせる。30℃で約60分オーブン発酵させる。

⑨ フィンガーテスト

指に強力粉をつけて生地に差し込み、発酵状態を確認する。穴がふさがってしまう場合は発酵不足なので、もう少し発酵させる。

ガス抜き

10 生地のガスを抜く

生地の周りに手を入れてガスを抜く。生地を手で持ち上げるようにすると自然にしぼんでガスが抜ける。

11 3分割にする

カードで3等分に分ける。はかりで計量して重さを均一にすると、きれいな仕上がりになる。

12 生地を平らにする

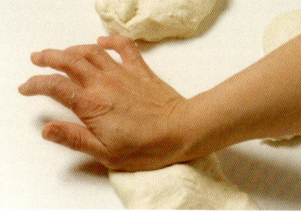

手のひらで生地を押さえてガスを抜く。

13 楕円形に丸める

生地を丸めて楕円形にし、合わせ目を閉じる。

ここが POINT

❶ 生地を折りたたむようにして端と端を丸め込みます。このとき、生地の表面がパンと張るようにしましょう。

❷ 手で転がしながら楕円形に形を整えます。
❸ 合わせ目を指でつまんで閉じます。

ベンチタイム

14 生地を休ませる

キャンバス地の中で約20分生地を休ませる。乾燥しないように、キャンバス地の上にかたくしぼったぬれぶきんをかける(キャンバス地がなければバットに並べてぬれぶきんをかぶせてもよい)。

成形

15 生地を平らにする

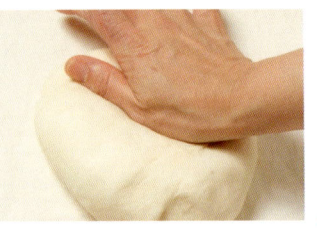

閉じ目を上にして台に置き、手のひらで生地を押さえてガスを抜く。

16 再び楕円形にする

⑬と同じように生地を丸めて楕円形にし、合わせ目を閉じる。

ここが **POINT**

合わせ目は指でしっかり閉じましょう。上だけでなく、左右もしっかり閉じます。こうすることで形がキープされ、きれいに焼き上がります。

17 生地を型に入れる

バターを塗った食パン型に、閉じ目を下にして入れる。型の隅に入れるように両端から置き、真ん中を最後に入れて上から軽く押さえる。

二次発酵

18 再発酵させる

発酵
35〜38℃
35〜45分

かたくしぼったぬれぶきんをかけて、35〜38℃で35〜45分オーブン発酵させる。生地が型から2cmくらいとび出てくれば発酵完了。

焼く

19 溶き卵を塗って焼く

210℃・20分
200℃・10〜15分

生地表面にはけで溶き卵（分量外）を塗る。210℃のオーブンで約20分焼き、200℃に落としてさらに10〜15分焼く。焼き上がったらすぐに型から出して冷ます。

山形食パン

ARRANGE

山形食パンで"カフェ風プレート"
グリル野菜のサンドイッチ

野菜はグリルすると甘みが引き立ちます。おいしい野菜がたっぷり入った満足感のあるサンドイッチです。

作り方

1. パプリカは角切り、なす、ズッキーニは5mm厚さに切る。
2. ①を天板に並べて塩、こしょうをふる。オリーブオイルをかけて200℃のオーブンで10〜13分ほど焼く。水分がとんで少し焼き色がついたらOK。
3. パンを軽くトーストしてバターとマスタードを練り合わせたものを塗る。
4. ③に②をのせてバルサミコ酢をたっぷりかけ、生ハム、チーズをのせて上からパンをかぶせる。

材料[4人分]

山形食パン（薄切り）	8枚
パプリカ（赤、黄）	各1個
なす	1本
ズッキーニ	1本
生ハム	8枚
カマンベールチーズ	8切れ
塩、こしょう	各適量
オリーブオイル	大さじ3
バター	30g
マスタード	適量
バルサミコ酢	適量

焼き上がりのふっくらふくらまない！

ここが失敗！
ふっくらふくらまない！

焼き上がりのふくらみが悪いのは、いくつか理由が考えられます。まずひとつは、水分量が少ないこと。小麦粉は、国産や外国産など、種類によって吸水量が変わります。分量通りに入れてみて、生地のまとまりが悪いようなら、少しずつ様子を見ながら水を足してみましょう。

また、焼き時間が少ない場合にも水分がとびきらず、ずっしり重たい生地になります。オーブンは機種によって焼き加減が変わりますので、焼き時間を少し長めにするか、予熱の温度を少し高めに設定してもいいかもしれません。

そのほか、発酵不足でもふくらみが悪くなります。発酵温度と発酵時間をしっかり確認してみてください。

クロワッサン

作ってみたい食事パン 第2位

1章 7種類の基本のパン

おやつや軽食感覚でも愛されているクロワッサン。
たっぷりのバターを包み込み、
折り込みを繰り返すことで
パイのようなサクサクの生地に焼き上がります。
失敗しないコツは、生地をこまめに冷やして
バターを溶かさないこと。

| Total 175分 | 焼き 20分 | ← | 二次発酵 15〜20分 | ← | 成形 15分 | ← | 折り込み 60分 | ← | ガス抜き・ベンチタイム 25分 | ← | 一次発酵 30分 | ← | こね 10分 |  |

[下準備]

バター(30g)は室温に戻す

折り込み用バターは13×13cmにのばしてやわらかい状態にしておく

[道具]

- ボウル
- 大理石板
- めん棒／パン用めん棒
- はけ
- パイカッター
- オーブンシート
- はかり
- タイマー
- 温度計

※バターの折り込みを行うときは、パン用めん棒がおすすめです。ただし、成形のときは普通のめん棒を使ってください。

材料 [10〜12個分]

強力粉	150g
薄力粉	150g
砂糖	30g
塩	4g
ドライイースト	9g
牛乳(15℃)	100g
ぬるま湯(35℃)	100g
バター	30g
バター(折り込み用)	165g

作り方

こねる

1 イーストを湯に浸す

小さなボウルにぬるま湯を入れ、ドライイーストをふり入れる。軽く混ぜてイーストを溶かす。

2 材料を合わせる

別のボウルに強力粉、薄力粉、砂糖、塩を入れて手でよく混ぜ合わせ、中心にくぼみを作って❶と牛乳を入れる。牛乳は少し残しておき、後で水分量を調整するとよい。

3 混ぜ合わせる

手でこねるようにして混ぜ、粉っぽさがなくなったらひとまとめにする。生地がかたいようなら残りの牛乳を入れる。このとき、生地はベタつくくらいでOK。

クロワッサン

| 4 | 台に出してたたく |

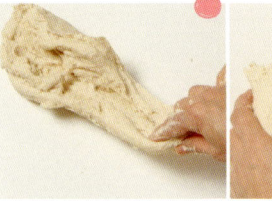

ここが **POINT**

表面はぼそぼそとした状態でOK。こねすぎないようにしましょう。

生地を片手で持ち、台にたたきつけるようにしてのばし、丸くまとめる。これを1〜2分繰り返し行う。

| 5 | バターを混ぜ込む |

カードで生地を3分割にしてそれぞれに小さくちぎったバター(30g)をのせ、練り込ませる。ある程度混ざったら生地をひとつにまとめて混ぜ込む。

一次発酵

| 6 | ボウルに入れて発酵させる |

発酵
25〜27℃
30分

生地を丸く整えてバター（分量外）を塗ったボウルに入れ、ラップをかぶせる。25〜27℃で約30分オーブン発酵させる（室温発酵も可）。

| 7 | フィンガーテスト |

指に強力粉をつけて生地に差し込み、発酵状態を確認する。穴がふさがってしまう場合は発酵不足なので、もう少し発酵させる。

ガス抜き

| 8 | 生地のガスを抜く |

生地を台に出して、手のひらで押さえて平らにする。中央にひだを寄せるようにして丸め、合わせ目を指でつまんで閉じる。

ベンチタイム

| 9 | 冷蔵庫で寝かせる |

ボウルに戻してラップをかぶせ、冷蔵庫で約20分寝かせる。

折り込み

10 正方形にのばす

台に打ち粉（強力粉・分量外）をして生地を置き、生地にも粉をふる。中心部分が少し盛り上がるようにめん棒で正方形にのばす。

11 バターをのせる

はけで生地表面の粉をはらい、やわらかくした折り込み用のバターを45°ずらして置く。

ここが POINT

生地が温まると包み込むバターが溶けてしまいます。室温を低くして手早く行いましょう。大理石など、冷たい台を使うのがおすすめです。

12 バターを包み込む

四方の生地を1か所ずつ折りたたみ、バターが隠れるように包む。合わせ目は指で押してしっかり閉じる。

ここが POINT

❶生地の角を内側にたたみます。
❷たたんだ生地表面の粉をはけではらいます。

❸続けて生地を折りたたみ、バターと生地のすきまが開かないように指でしっかり押さえます。

13 細長くのばす 1回目

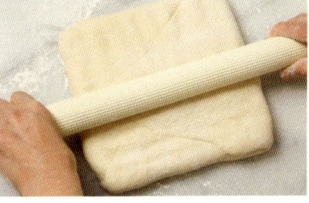

最後の折り山が右にくるように置き、打ち粉をしてめん棒で20×60cmにのばす。端をのばすときはバターがとび出ないように慎重にのばすこと。

14 冷凍庫で冷やす 1回目

はけで打ち粉をはらって三つ折りにし、ラップでぴったり包む。冷凍庫で10分冷やす（1回目）。

クロワッサン

| 15 | 再び細長くのばす 2〜3回 |

三つ折りにした最後の折り山が右にくるように置き、めん棒で20×60cmにのばす。三つ折りにして冷凍庫で10分冷やす（2回目）。これをもう1度繰り返し、冷蔵庫で20分冷やす（3回目）。

成形

| 16 | 形を整える |

三つ折りにした最後の折り山が右にくるように置き、めん棒で20×60cmにのばす。パイカッターやナイフなどで端を切り落とし、きれいに形を整える。

| 17 | 生地をカットする |

底辺が11cmの二等辺三角形になるように生地に印をつける。パイカッターなどできれいに切り分ける。

| 18 | 巻いて形を作る |

 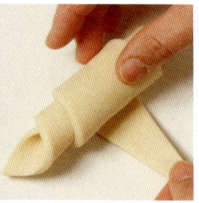

底辺の中央に2cmほどの切り込みを入れ、折り曲げる。とがった先に向かって転がすように巻いていく。

二次発酵

| 19 | 再発酵させる |

発酵
オーブン内
15〜20分

巻き終わりを下にしてオーブンシートを敷いた天板に並べ、オーブンに入れて15〜20分発酵させる。発酵設定はせず、オーブン内に入れるだけ！ 天板には、熱湯の入ったマグカップをのせること（P38参照）。生地が2倍の大きさになれば発酵完了。

焼く

| 20 | 溶き卵を塗って焼く |

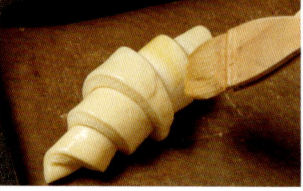

220℃・20分

生地表面にはけで溶き卵（分量外）を塗る。220℃のオーブンで約20分焼く。

ARRANGE

クロワッサンで"カフェ風プレート"
クロワッサン・オ・ザマンド

アーモンドクリームをたっぷりのせてアーモンドを散らしました。甘くて香ばしい上品な味わいはクセになりそうです。

作り方

1. バター、卵は室温に戻す。熱湯に砂糖を溶かしてシロップを作っておく。
2. ボウルにバターを入れて泡立て器でクリーム状になるまで練る。砂糖を3回に分けて加え、白っぽくなるまですり混ぜる。卵を少しずつ加えて混ぜ、アーモンドプードルをふるって入れる。よく混ぜたら、ラム酒とバニラエッセンスを入れて混ぜ合わせる。
3. パンを横半分に切り、内側の両面に軽くシロップを塗る。
4. ②をパンの片面にたっぷり塗り、表面にも塗る。
5. 上からスライスアーモンドをたっぷりかける。
6. 190℃のオーブンで15～20分焼く。あら熱がとれたら粉糖をふる。

材料 [4個分]

クロワッサン	4個
バター、アーモンドプードル、砂糖	各50g
卵	40g
ラム酒	10g
バニラエッセンス、スライスアーモンド、粉糖	各適量
＊シロップ	
砂糖	25g
熱湯	50g

ここが失敗！ 中が空洞になってしまった！

バターが均一に折り込まれていないと、生地に空洞ができたり、かたまりができたりして、きれいな層にはなりません。生地をのばすときは、バターまでしっかりのばすようにしましょう。ただし、力を入れすぎると生地の中でバターが切れてしまいます。1度切れたバターは元に戻すことができず、バターがかたまりになってしまい、空洞覚悟で焼くことになります。

バターを切れにくくするには、折り込み用バターをしっかり室温に戻してやわらかくしておくことです。また、冷蔵庫や冷凍庫で適正なベンチタイムをとり、生地を休ませることも忘れないでください。そのほか、バターが溶け出さないように、室温を低くしておくことも重要です。

バターロール

卵黄を入れるバターロールは、ふんわりソフトな食感が特徴です。
生地が扱いやすく、発酵力もあるので、はじめてのパン作りにも向いています。
成形は少しコツがいるので、要チェックです。

| Total 160分 | 焼き 15分 | ← | 二次発酵 20分 | ← | 成形 20分 | ← | ガス抜き・ベンチタイム 25分 | ← | 一次発酵 50〜60分 | ← | こね 30分 |

[下準備]
バター、卵黄は室温に戻す

[道具]
- ボウル
- カード
- キャンバス地
- めん棒
- オーブンシート
- はけ
- はかり
- タイマー
- 温度計

材料 [10個分]
- 強力粉 …………… 300g
- 砂糖 ……………… 20g
- 塩 ………………… 6g
- ドライイースト …… 5g
- スキムミルク ……… 5g
- バター …………… 20g
- 卵黄 ……………… 1個分
- ぬるま湯（35〜38℃） ………………… 185g

作り方

こねる

1 材料を合わせる

ボウルに強力粉、砂糖、塩、ドライイースト、スキムミルクを入れて、手でよく混ぜる。

2 卵黄と湯を入れる

中心にくぼみを作り、そこへ卵黄とぬるま湯を合わせて入れる。すべて入れずに少し残しておき、後で水分量を調整するとよい。

ここが POINT

卵黄とぬるま湯はしっかり混ぜます。そして、35〜38℃の温度になっているか、温度計で確認しましょう。

3 混ぜ合わせる

手でこねるようにして混ぜ、粉っぽさがなくなったらひとまとめにする。生地がかたいようなら残りのぬるま湯を入れる。このとき、生地はベタつくくらいでOK。

| 4 | 台に出してたたく |

生地を片手で持ち、台にたたきつけるようにしてのばし、丸くまとめる。これを約15分繰り返し行う。

| 5 | バターを混ぜ込む |

カードで生地を2分割にしてそれぞれに小さくちぎったバターをのせ、練り込ませる。ある程度混ざったら生地をひとつにまとめて混ぜ込む。

| 6 | さらに台の上でたたく |

❹と同じように約10分たたき、生地の表面が細かくなめらかになるまで行う。

| 7 | グルテン膜のチェック |

生地を薄くのばし、透けるような膜が張っていたら発酵に移る。のばしたときに生地が切れてしまうようなら、こね不足なので再度たたく。

一次発酵

| 8 | ボウルに入れて発酵させる |

発酵 30℃ 50〜60分

生地を丸く整えてバター（分量外）を塗ったボウルに入れ、ラップをかぶせる。30℃で50〜60分オーブン発酵させる。

| 9 | フィンガーテスト |

指に強力粉をつけて生地に差し込み、発酵状態を確認する。穴がふさがってしまう場合は発酵不足なので、もう少し発酵させる。

ガス抜き

10 生地のガスを抜く

生地の周りに手を入れてガスを抜く。生地を手で持ち上げるようにすると自然にしぼんでガスが抜ける。

11 10分割にする

カードで10等分に分ける。はかりで計量して重さを均一にすると、きれいな仕上がりになる。

12 丸く形を整える

生地を手でつかむようにして持ち、手のひらで転がしながら形を整える。

ベンチタイム

13 生地を休ませる

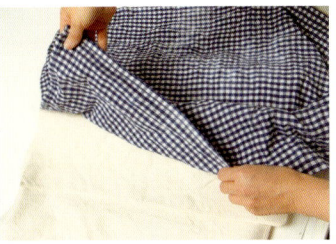

キャンバス地の中で約15分生地を休ませる。乾燥しないように、キャンバス地の上にかたくしぼったぬれぶきんをかける(キャンバス地がなければバットに並べてぬれぶきんをかぶせてもよい)。

成形

14 生地を平らにする

閉じ目を上にして台に置き、手のひらで生地を押さえてガスを抜く。

バターロール

| 15 | 円錐形にする |

片方の手で生地の端を押さえながらクルクルと転がし、先の細い円錐形にする。さらに両手で転がしながら15〜16cmにのばす。キャンバス地の中で約5分生地を休ませる。

| 16 | めん棒で平らにする |

閉じ目を上にして置き、めん棒で平らにする。厚さが均一になるようにのばすこと。

| 17 | 巻いて形を作る |

生地の幅が広いほうから、とがった先に向かって転がすように巻いていく。

ここが **POINT**

力を入れずに軽く巻きましょう。きつく巻きすぎると発酵が悪くなり、焼き上がりがきれいになりません。

二次発酵

| 18 | 再発酵させる |

発酵
35〜38℃
20分

巻き終わりを下にしてオーブンシートを敷いた天板に並べ、35〜38℃で約20分オーブン発酵させる。天板には、熱湯の入ったマグカップをのせること（P38参照）。生地が1.5〜2倍の大きさになれば発酵完了。

焼く

| 19 | 溶き卵を塗って焼く |

210℃
15分

生地表面にはけで溶き卵（分量外）を塗る。210℃のオーブンで約15分焼く。焼き上がったら熱いうちに溶かしバター（分量外）を塗る。

ARRANGE

アボカドシュリンプサンド

バターロールで"カフェ風プレート"

プリプリのえびと濃厚なアボカドが絶妙！
ちょっと贅沢な気分が味わえるサンドイッチです。

作り方

1. アボカドを1cm角に切る。むきえびはゆでてアボカドと合わせる。
2. ソースの材料をすべて混ぜ合わせ、①とよくあえる。
3. パンを横半分にカットして②をはさむ。

材料 [4個分]

- バターロール……………4個
- アボカド…………………1個
- むきえび…………………60g
- ＊ソース
- マヨネーズ…………大さじ2
- しょうゆ……………小さじ½
- マスタード…………小さじ½
- 塩、こしょう………各適量

成形

形の段階でうまくいかない場合は、強く巻きすぎている可能性があります。コロコロと転がすように巻いてみましょう。また、巻く前に均一の厚さに生地をのばすことも大切です。

焼き上がりがきれいにふっくらしない場合は、発酵不足かもしれません。二次発酵では、1.5～2倍の大きさが目安です。また、生地を天板に置くときも、巻き終わりを下にすることを忘れないでください。上に向けて置くと、巻き終わりが盛り上がっていびつな形になります。

ここが失敗！
形がきれいにならない！

プチパン

材料も作り方もシンプルなプチパンは、初心者向きのパン。
むっちりと弾力があるので、おかずと一緒に朝食やランチなどに食べるのがよさそうです。
ふわふわのパンとは違った魅力を楽しむことができます。

1章 7種類の基本のパン

| Total 155分 | 焼き 20分 | ← | 二次発酵 20分 | ← | 成形 10分 | ← | ガス抜き・ベンチタイム 25分 | ← | 一次発酵 50〜60分 | ← | こね 30分 |

[下準備]

バターは室温に戻す

[道具]

- ボウル
- カード
- キャンバス地
- オーブンシート
- 茶こし
- クープナイフ（かみそり）
- はかり
- タイマー
- 温度計

材料 [10個分]

強力粉	380g
砂糖	6g
塩	5〜6g
ドライイースト	5g
バター	20g
ぬるま湯（35〜38℃）	250g

作り方

こねる

1 材料を合わせる

ボウルに強力粉、砂糖、塩、ドライイーストを入れて、手でよく混ぜる。

2 ぬるま湯を入れる

中心にくぼみを作り、そこへぬるま湯を入れる。湯は少し残しておき、後で水分量を調整するとよい。

3 混ぜ合わせる

手でこねるようにして混ぜ、粉っぽさがなくなったらひとまとめにする。生地がかたいようなら残りのぬるま湯を入れる。このとき、生地はベタつくくらいでOK。

プチパン

| 4 | 台に出してたたく |

生地を片手で持ち、台にたたきつけるようにしてのばし、丸くまとめる。これを約15分繰り返し行う。

| 5 | バターを混ぜ込む |

カードで生地を3分割にしてそれぞれに小さくちぎったバターをのせ、練り込ませる。ある程度混ざったら生地をひとつにまとめて混ぜ込む。

| 6 | さらに台の上でたたく |

❹と同じように約10分たたき、生地の表面が細かくなめらかになるまで行う。

| 7 | グルテン膜のチェック |

生地を薄くのばし、透けるような膜が張っていたら発酵に移る。のばしたときに生地が切れてしまうようなら、こね不足なので再度たたく。

一次発酵

| 8 | ボウルに入れて発酵させる |

発酵
30℃
50〜60分

生地を丸く整えてバター（分量外）を塗ったボウルに入れ、ラップをかぶせる。30℃で50〜60分オーブン発酵させる。

| 9 | フィンガーテスト |

指に強力粉をつけて生地に差し込み、発酵状態を確認する。穴がふさがってしまう場合は発酵不足なので、もう少し発酵させる。

ガス抜き

10 生地のガスを抜く

生地の周りに手を入れてガスを抜く。生地を手で持ち上げるようにすると自然にしぼんでガスが抜ける。

11 10分割にする

カードで10等分に分ける。はかりで計量して重さを均一にすると、きれいな仕上がりになる。

> ここが **POINT**
> 10分割にするときは、まず2等分にして重さを均等にし、そこから5等分に分けると簡単です。

12 ボール状に丸める

生地の角を中心に集めるようにして丸め、合わせ目を指でつまんで閉じる。このとき、生地の表面がパンと張るようにする。

13 転がして形を整える

生地を手でつかむようにして持ち、手のひらで転がしながら形を整える。

ベンチタイム

14 生地を休ませる

キャンバス地の中で約15分生地を休ませる。乾燥しないように、キャンバス地の上にかたくしぼったぬれぶきんをかける（キャンバス地がなければバットに並べてぬれぶきんをかぶせてもよい）。

プチパン

成形

15 転がして丸め直す

⑬と同じように生地を転がしながら丸め直し、合わせ目を指でつまんでしっかり閉じる。

二次発酵

16 再発酵させる

発酵
35〜38℃
20分

閉じ目を下にしてオーブンシートを敷いた天板に並べ、35〜38℃で約20分オーブン発酵させる。生地が1.5〜2倍の大きさになれば発酵完了。

ここが POINT

しっかり発酵させるためには、イースト菌が活動しやすい環境を作ることが大切です。温度は35〜38℃くらい、湿度は80％くらいを保ちましょう。天板には、熱湯がたっぷり入ったマグカップをのせると生地の乾燥が防げます。天板にスペースがある場合は2〜3個置くといいでしょう。途中で湯が冷めたときは熱湯に入れかえてください。

焼く

17 生地に粉をふる

生地表面に茶こしを使って強力粉（分量外）をふる。

18 クープを入れて焼く

220℃
20分

クープナイフでクープ（切れ目）を1本入れる。思い切って一気に入れるようにするとよい。220℃のオーブンで約20分焼く。

ARRANGE

マッシュルームとじゃがいものスープ

プチパンで"カフェ風プレート"

玉ねぎの甘さとじゃがいものとろみがプチパンとよく合います。体の中から暖まるやさしい味のスープです。

作り方

1. マッシュルーム、たまねぎはスライスする。じゃがいもはスライスして3～4cm角に切る。
2. フライパンにバターを入れてマッシュルームとたまねぎを炒め、しんなりしてきたらじゃがいもを加えて炒める。
3. じゃがいもに火が通ったら、固形スープの素、水を入れて、じゃがいもがやわらかくなるまで煮つめる。ミキサーにかけてピューレ状にする。
4. 鍋に③を入れて牛乳を加え、煮立たせないように混ぜながら中火で煮る。塩、こしょうで味つけをする。

材料 [4人分]

プチパン	8個
マッシュルーム	100g
たまねぎ	100g
じゃがいも	100g
固形スープの素	1個
水	350g
牛乳	300g
バター	40g
塩、こしょう	各適量

ここが失敗！

クープを入れ忘れた！

意

外と多い失敗がクープ（切れ目）の入れ忘れです。生地は焼くとふっくらふくらみます。中ではかなりの圧力がかかりますので、少しずつ空気を逃がしてあげないと、生地が破裂したり、ふくらまなかったりします。飾りのように思われますが、その役目がクープです。形が崩れないように保つ役割があるので、入れ忘れないように気をつけましょう。

クープナイフがない場合は、カッターナイフやかみそりなどでも代用できます。よく切れるものを使ってください。

バゲット

日本でフランスパンと言えばバゲットのこと。
パリッと焼き上がったバゲットは、朝食にもディナーにもおいしくいただけます。
上手に焼き上げるのはなかなか難しいですが、何度もトライして、
自分が納得できる焼き上がりを目指しましょう。

1章 7種類の基本のパン

| Total 155分 | 焼き 20分 ← | 二次発酵 30〜35分 ← | 成形 10分 ← | ガス抜き・ベンチタイム 30分 ← | 一次発酵 50〜60分 ← | こね 15分 |

※生地作りの前にパン種を13時間寝かせます。

[道具]

- ボウル
- カード
- キャンバス地
- 茶こし
- クープナイフ（かみそり）
- はかり
- タイマー
- 温度計

材料 [5本分]

フランスパン専用粉 … 150g
砂糖 …………………… 3g
塩 ……………………… 6g
ドライイースト ……… 3g
モルトパウダー ……… 1.5g
ぬるま湯 (35℃) ……… 15g
水 (20〜23℃) ………… 80g

＊パン種
強力粉 ………………… 150g
ドライイースト ……… 0.5g
水 (25℃) ……………… 90g

作り方

パン種を作る

1 強力粉とイーストを混ぜる

ボウルに強力粉、ドライイースト、水を入れ、生地がなめらかになるまで手でよく混ぜる。

2 ボウルに入れて寝かせる

ひとまとめにしてラップをぴっちりかけ、室温で1時間置く。その後冷蔵庫で12時間くらい寝かせる。

こねる

3 イーストを湯に浸す

小さなボウルにぬるま湯を入れ、ドライイーストをふり入れる。軽く混ぜてイーストを溶かす。

4 材料を合わせる

別のボウルにフランスパン専用粉、砂糖、塩、モルトパウダー、❷をちぎって入れる。

バゲット

| 5 | 3と水を入れる |

中心にくぼみを作り、そこへ❸と水を入れる。水は少し残しておき、後で水分量を調整するとよい。

| 6 | 混ぜ合わせる |

手でこねるようにして混ぜ、粉っぽさがなくなったらひとまとめにする。生地がかたいようなら残りの水を入れる。このとき、生地はベタつくくらいでOK。

| 7 | 台に出してたたく |

生地を片手で持ち、台にたたきつけるようにしてのばし、丸くまとめる。これを8〜10分繰り返し行い、発酵に移る。

一次発酵

| 8 | ボウルに入れて発酵させる |

発酵
25℃
50〜60分

生地を丸く整えてバター（分量外）を塗ったボウルに入れ、ラップをかぶせる。25℃で50〜60分オーブン発酵させる。

ガス抜き

| 9 | 生地のガスを抜く |

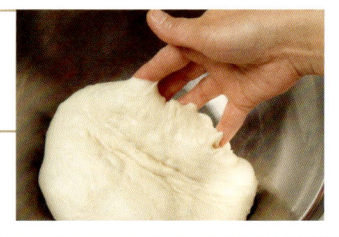

生地の周りに手を入れてガスを抜く。生地を手で持ち上げるようにすると自然にしぼんでガスが抜ける。

| 10 | 5分割にする |

カードで5等分に分ける。はかりで計量して重さを均一にすると、きれいな仕上がりになる。

| 11 | ボール状に丸める

生地の角を中心に集めるようにして丸め、合わせ目を指でつまんで閉じる。このとき、生地の表面がパンと張るようにする。

| 12 | 転がして形を整える

生地を手でつかむようにして持ち、手のひらで転がしながら形を整える。

ベンチタイム

| 13 | 生地を休ませる

キャンバス地の中で約20分生地を休ませる。乾燥しないように、キャンバス地の上にかたくしぼったぬれぶきんをかける（キャンバス地がなければバットに並べてぬれぶきんをかぶせてもよい）。

成形

| 14 | 生地を平らにする

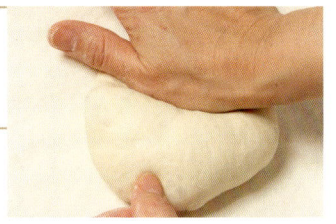

閉じ目を上にして台に置き、手のひらで生地を押さえてガスを抜く。

| 15 | 棒状に形を作る

生地を細長く成形し、合わせ目を指でつまんで閉じる。

ここが POINT

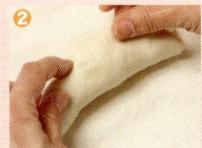

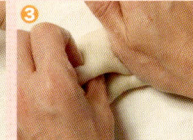

❶ 生地の上を1/3折り返し、手のひらのつけ根でしっかり押さえます。
❷ 下1/3も折り返し、手のひらのつけ根でしっかり押さえます。
❸ 折り目を内側にして二つ折りにし、手のひらのつけ根でしっかり押さえつけます。

| 16 | 細長くのばす

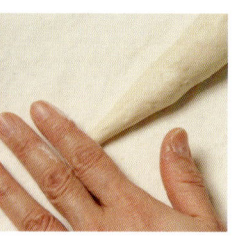

両手で転がしながら25cmくらいまでのばす。両端は力を入れないように注意しながらとがらせる。

二次発酵

| 17 | 再発酵させる

発酵
室温
30〜35分

キャンバス地で5本のうねを作り、うねの部分に、閉じ目を上にして生地を置く。室温で30〜35分発酵させる。生地が2倍の大きさになれば発酵完了。

ここが POINT
生地が乾燥しないように上からかたくしぼったぬれぶきんをかけておきましょう。

焼く

| 18 | 粉をふってクープを入れる

生地表面に茶こしを使って強力粉(分量外)をふる。クープナイフでクープ(切れ目)を3本、縦に並行して入れる。思い切って一気に入れるようにするとよい。

| 19 | 天板に置いて焼く

220℃
20分

オーブンに天板を入れて300℃に予熱する。熱した天板を取り出して直接生地をのせ、220℃のオーブンで約20分焼く。

ここが POINT
オーブンを予熱する際は、天板も庫内に入れておきます。熱した天板に生地をのせることで、下からも生地を温めることができ、パリッとした焼き上がりになります。

バゲット

44

ARRANGE

フレンチトースト
バゲットで"カフェ風プレート"

バゲットでフレンチトーストを作ると、表面はカリッ、中はふんわりになります。厚めに切ったバゲットを使うと味がよくしみておいしいです。

作り方

1. バットに卵、砂糖、牛乳を入れてよく混ぜ、パンをしばらく浸してしっかり中までしみこませる。
2. フライパンを熱してバターを溶かし、両面をこんがり焼く。
3. 焼き上がったら粉糖をたっぷりかける。好みでハチミツ、メープルシロップ、生クリームなどを添えてもおいしい。

材料 [8個分]

バゲット（厚切り）	8枚
卵	3個
砂糖	30g
牛乳	150g
バター	100g
粉糖	適量

ここが失敗！ クープがうまく入れられない！

クープがうまく入らないと、焼いたときに生地の水分がとびきらず、重たいバゲットになってしまいます。
クープをうまく入れるコツは、クープナイフの先端だけを使い、一気に入れること。失敗を恐れて、ゆっくり慎重に入れると、逆に失敗しやすくなります。切れ味のよいナイフを使うことも重要です。
また、クープの間隔はなるべく並行に。間隔が狭すぎると、焼いたときにくっついてしまうことがあります。

パン・ド・カンパーニュ

フランス語で"田舎パン"という意味のカンパーニュ。
ライ麦を使っているので、ほんのりと酸味のある味が特徴です。
バヌトンとよばれる発酵かごに入れて、リング状の独特な模様を表面につけます。

1章 7種類の基本のパン

| Total 165分 | 焼き 30分 | 二次発酵 30分 | 成形 5分 | ガス抜き・ベンチタイム 25分 | 一次発酵 50～60分 | こね 25分 |

※生地作りの前にパン種を1時間寝かせます。

[下準備]

バターは室温に戻す

[道具]

- ボウル
- カード
- キャンバス地
- 発酵かご
- 茶こし
- オーブンシート
- クープナイフ（かみそり）
- はかり
- タイマー
- 温度計

材料 [1個分]

強力粉 …………… 220g
砂糖 ……………… 6g
塩 ………………… 6～7g
ドライイースト … 4g
モルトパウダー … 1g
バター …………… 10g
ぬるま湯
（35～38℃）…… 100g

＊パン種
ライ麦粉 ………… 80g
ドライイースト … 1g
ぬるま湯
（35～38℃）……… 100g

作り方

パン種を作る

1 パン種の材料を混ぜて寝かせる

ボウルにライ麦粉、ドライイースト、ぬるま湯を入れて混ぜる。ひとまとめにしてラップをかけ、室温で1時間寝かせる（時間があれば冷蔵庫で一晩寝かせるとよい）。

こねる

2 材料を合わせる

別のボウルに強力粉、砂糖、塩、ドライイースト、モルトパウダー、❶をちぎって入れ、手でよく混ぜる。

3 ぬるま湯を入れる

中心にくぼみを作り、そこへぬるま湯を入れる。湯は少し残しておき、後で水分量を調整するとよい。

パン・ド・カンパーニュ

4 混ぜ合わせる

手でこねるようにして混ぜ、粉っぽさがなくなったらひとまとめにする。生地がかたいようなら残りのぬるま湯を入れる。このとき、生地はベタつくくらいでOK。

ここが POINT
ベタベタするからといって水分量をひかえてしまうと失敗の元に。ライ麦粉はベタつきやすいですが、がんばってこね続けましょう。

5 台に出してたたく

生地を片手で持ち、台にたたきつけるようにしてのばし、丸くまとめる。これを約10分繰り返し行う。

ここが POINT
ベタベタしているのでとてもこねにくいですが、意外と乾燥しやすいので手早く作業してください。

6 バターを混ぜ込む

カードで生地を3分割にしてそれぞれに小さくちぎったバターをのせ、練り込ませる。ある程度混ざったら生地をひとつにまとめて混ぜ込む。

7 さらに台の上でたたく

⑤と同じように約10分たたき、生地に弾力が出てきたら発酵に移る。

一次発酵

8 ボウルに入れて発酵させる

発酵
30℃
50〜60分

生地を丸く整えてバター(分量外)を塗ったボウルに入れ、ラップをかぶせる。30℃で50〜60分オーブン発酵させる。

| 9 | フィンガーテスト | 指に強力粉をつけて生地に差し込み、発酵状態を確認する。穴がふさがってしまう場合は発酵不足なので、もう少し発酵させる。 |

ガス抜き

| 10 | 生地を平らにする | 生地を台に出して、手のひらで押さえてガスを抜く。 |

| 11 | ひだを寄せて丸める | 端を中心に合わせるようにひだを寄せて丸め、合わせ目を指でつまんで閉じる。 |

ベンチタイム

| 12 | 生地を休ませる | キャンバス地の中で約20分生地を休ませる。乾燥しないように、キャンバス地の上にかたくしぼったぬれぶきんをかける（キャンバス地がなければボールに入れてぬれぶきんをかぶせてもよい）。 |

成形

| 13 | 生地を平らにする | 閉じ目を上にして台に置き、手のひらで生地を押さえてガスを抜く。 |

| 14 | ひだを寄せて丸める | ⑪と同じようにひだを寄せて丸め、合わせ目を指でつまんでしっかり閉じる。 |

15 かごに粉をふる

発酵かごの内側に、茶こしで強力粉（分量外）をふる。編み目の間など、全体に粉が行き渡るように手でなじませる。

16 かごに入れる

閉じ目を上にして発酵かごに入れる。上から軽く押さえてかたくしぼったぬれぶきんをふんわりとかける。

ここが POINT
生地がやわらかいので、発酵かごに入れると形が安定します。ない場合は、閉じ目を下にして天板にのせて発酵させましょう。乾燥は禁物なので、天板には、熱湯の入ったマグカップをのせること。

二次発酵

17 再発酵させる

発酵 30~35℃ 30分

30～35℃で約30分オーブン発酵させる。生地が2倍近くふくらめば発酵完了。

焼く

18 かごから取り出す

発酵かごをひっくり返してオーブンシートを敷いた天板にそっと置く。

19 クープを入れて焼く

220℃ 30分

生地表面にクープナイフで十字のクープ（切れ目）を入れる。220℃のオーブンで約30分焼く。

パン・ド・カンパーニュ

50

ARRANGE

パン・ド・カンパーニュで"カフェ風プレート" クロックムッシュ

フランス生まれのボリュームたっぷりなホットサンドです。チーズがとろける熱々のうちにどうぞ。

材料[4人分]

パン・ド・カンパーニュ（厚さ1cm）	8枚
ハム	8枚
ピザ用チーズ	150〜200g
バター、マスタード	各適量

＊ベシャメルソース

バター	20g
薄力粉	15g
牛乳	200g
塩、こしょう、ナツメグ	各適量

作り方

❶ ベシャメルソースを作る。鍋に火をかけてバターを溶かし、沸騰する手前まで温めたら薄力粉をふるって加え、木ベラでよく混ぜる。弱火で加熱しながら牛乳を少しずつ加え、木ベラで鍋底をこするようにしてよく混ぜる。ふつふつとしてきたら、塩、こしょう、ナツメグで味つけをする（塩味は濃いめにするとよい）。

❷ バターとマスタードを混ぜ合わせて、パンの片面に薄く塗る。

❸ バターを塗った面を上にして置き、ハム2枚とチーズをたっぷりのせる。パンをかぶせて上面に①を塗る。

❹ 230℃のオーブンで10分（またはオーブントースターで5分）、焼き目がつくまで焼く。

ここが失敗！

発酵がうまくいかない！

生地の水分が多いとうまく発酵しないので、粉や水の量を確認しましょう。

また、粉や水の温度が低いと生地の温度が低くなり、発酵がうまくいきません。粉を冷蔵庫などで保管している場合は、室温に戻してから使用してください。水の温度は、冬は高めに、夏は低めに調整するといいでしょう。

発酵させる際の温度管理も重要です。カンパーニュの場合、一次発酵は30℃、二次発酵は30〜35℃ですが、温度が低いと、うまく酵母が働かず発酵しません。逆に温度が高いと、酵母が死んでしまい発酵ができないので、オーブンを使った発酵の場合は温度設定に注意してください。

パン・オ・レ

オ・レという名前の通り、牛乳を入れたパンです。
牛乳を使うと生地が少しパサつきますが、そこは卵黄を入れてカバー。
牛乳と卵のやさしい味が特徴です。
焼きたての甘い香りは大人から子どもまで食欲をかきたてられます。

1章 7種類の基本のパン

| Total 145分 | 焼き 15分 | ← | 二次発酵 20分 | ← | 成形 10分 | ← | ガス抜き・ベンチタイム 20分 | ← | 一次発酵 50~60分 | ← | こね 30分 |

[下準備]

バター、卵黄、牛乳は室温に戻す

[道具]

- ボウル
- カード
- キャンバス地
- オーブンシート
- はけ
- キッチンばさみ
- はかり
- タイマー
- 温度計

材料 [8個分]

強力粉	250g
砂糖	30g
塩	4g
ドライイースト	3g
バター	40g
卵黄	1個分
牛乳	170g

作り方

こねる

1 卵黄と牛乳を混ぜる

牛乳に卵黄を入れて混ぜ合わせ、35~38℃に温めておく。

2 材料を合わせる

ボウルに強力粉、砂糖、塩、ドライイーストを入れて、手でよく混ぜる。

3 卵黄と牛乳を入れる

中心にくぼみを作り、そこへ❶を入れる。すべて入れずに少し残しておき、後で水分量を調整するとよい。

4 混ぜ合わせる

手でこねるようにして混ぜ、粉っぽさがなくなったらひとまとめにする。生地がかたいようなら残りの牛乳を入れる。このとき、生地はかなりベタつくくらいでOK。

パン・オ・レ

| 5 | 台に出してたたく |

生地を片手で持ち、台にたたきつけるようにしてのばし、丸くまとめる。これを約15分繰り返し行う。

| 6 | バターを混ぜ込む |

カードで生地を3分割にしてそれぞれに小さくちぎったバターをのせ、練り込ませる。ある程度混ざったら生地をひとつにまとめて混ぜ込む。

| 7 | さらに台の上でたたく |

❺と同じように約10分たたき、生地の表面が細かくなめらかになるまで行う。

| 8 | グルテン膜のチェック |

生地を薄くのばし、透けるような膜が張っていたら発酵に移る。のばしたときに生地が切れてしまうようなら、こね不足なので再度たたく。

一次発酵

| 9 | ボウルに入れて発酵させる |

生地を丸く整えてバター（分量外）を塗ったボウルに入れ、ラップをかぶせる。30℃で50～60分オーブン発酵させる。

発酵
30℃
50～60分

| 10 | フィンガーテスト |

指に強力粉をつけて生地に差し込み、発酵状態を確認する。穴がふさがってしまう場合は発酵不足なので、もう少し発酵させる。

ガス抜き

11　生地のガスを抜く

生地の周りに手を入れてガスを抜く。生地を手で持ち上げるようにすると自然にしぼんでガスが抜ける。

12　8分割にする

カードで8等分に分ける。まず2等分にして重さを均等にし、そこから4等分に分けると簡単に8等分できる。

13　丸く形を整える

生地を手で軽くつかむようにして持ち、手のひらで転がしながら形を整える。

ベンチタイム

14　生地を休ませる

キャンバス地の中で約15分生地を休ませる。乾燥しないように、キャンバス地の上にかたくしぼったぬれぶきんをかける（キャンバス地がなければバットに並べてぬれぶきんをかぶせてもよい）。

成形

15　生地を平らにする

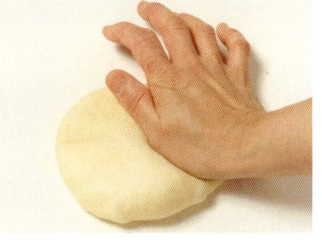

閉じ目を上にして台に置き、手のひらで生地を押さえてガスを抜く。

16 楕円形に丸める

生地の上1/3を折り返し、下1/3も同じように折り返して押さえ、合わせ目を指でつまんでしっかり閉じる。

ここが POINT

1. 生地の上1/3を手前に折ります。
2. 下1/3を上へかぶせるように折ります。
3. 両端の合わせ目を指でつまんで閉じます。左右を丸く成形すると、焼きむらが減り、形もきれいに焼き上がります。
4. 生地の表面がパンと張るように丸く形を整えて、合わせ目を指でつまんでしっかり閉じます。

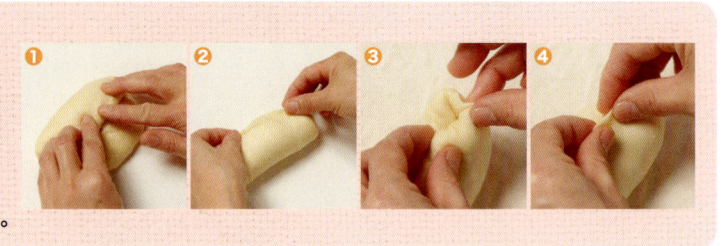

二次発酵

17 再発酵させる

発酵
35〜38℃
20分

閉じ目を下にしてオーブンシートを敷いた天板に並べ、35〜38℃で約20分オーブン発酵させる。天板には、熱湯の入ったマグカップをのせること（P38参照）。生地が1.5〜2倍の大きさになれば発酵完了。

焼く

18 溶き卵を塗る

生地表面にはけで溶き卵（分量外）を塗る。

19 クープを入れて焼く

190℃
15分

キッチンばさみでV字に切り込みを入れて190℃のオーブンで約15分焼く。

ここが POINT

はさみを立てて生地に押し当て、一気に勢いよく切ると、うまくいきます。

パン・オ・レ

56

ARRANGE

キャラメルクリームパン

パン・オ・レで"カフェ風プレート"

コンデンスミルクたっぷりの濃厚なキャラメルクリームを添えました。焼きたてのパン・オ・レにたっぷりかけていただいて。

作り方

1. 砂糖と少量の水（分量外）を鍋に入れ、火にかけて煮つめる。少し強めに焦がすとよい。
2. ①に生クリームと塩、バニラビーンズを加えて木ベラなどでかき混ぜる。
3. さらにコンデンスミルクを少しずつ加えながら混ぜ、混ざったらこし器でこす。
4. ふたがしっかり閉まる密閉容器に入れ、100℃のオーブンで90分加熱する。
5. パンにかけて出来上がり！

材料［500g分］

砂糖	35g
生クリーム	40g
コンデンスミルク	500g
塩	2〜3g
バニラビーンズ	1本
パン・オ・レ	適量

ここが失敗！ かたくておいしくない！

こね方や発酵不足、生地の乾燥が原因と思われます。

生地はこね不足でもこねすぎでもふくらみが悪くなり、かたくなってしまいます。表面がキメ細かくなめらかな状態になるまでしっかりとこねましょう。

また、グルテン膜のチェックもこまめに行うことです。生地を薄くのばしてみて、透けるような膜ができているか確認してください。

発酵不足によっても、焼き上がりがかたくなってしまいます。発酵の具合をしっかり確認しましょう。温度や湿度など、発酵環境も大切なポイントです。

また、生地が乾燥すると発酵にも悪い影響を与えます。発酵やベンチタイムの際は、レシピにしたがって生地を乾燥させないように気をつけてください。

2章 おかずパン

基本のパンをアレンジ
おかずパン

「パン屋さんに並んでいるようなパンが作りたい！」
そんな声にお応えしておかずパンを集めてみました。
おかずパンは、成形のコツや包み方のポイントさえ押さえれば、
具材を変えていろいろなバリエーションが楽しめます。
すべて、1章の「基本のパン」を
アレンジして作れるパンです。

パン作りに興味のある女性100人に聞きました！

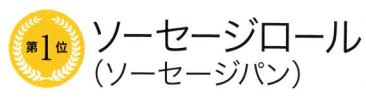

作ってみたいおかずパンは？

第1位 ソーセージロール（ソーセージパン）
第2位 カレーパン
第3位 コーンマヨロール

僅差で1位がソーセージロール、2位がカレーパン、3位がコーンマヨロールに。ソーセージロールは、パンの上にソーセージをのせただけのソーセージパンも含んでいますが、こんなに人気が高いとは!? ビックリです。そのほか、ベーコンマヨやハムマヨ、ツナマヨなど、いわゆるパン屋さんに並ぶ常連パンを作りたい人が多いようです。

2章

パン・オ・レのアレンジ

ソーセージロール

生地を細長くのばしてソーセージにクルクル巻きつけたら、
らせん状のかわいい形が出来上がります。
少しテクニックがいるので、最初はいびつになってしまうかも……。
でも、それもご愛嬌、おいしさは満点です。

2章 おかずパン

作ってみたい
おかずパン
第1位

| Total 155分 | 焼き 15〜20分 | 二次発酵 20〜25分 | 成形 20分 | ガス抜き・ベンチタイム 20分 | 一次発酵 50〜60分 | こね 30分 |

5 生地を引っ張らないようにソーセージに巻きつける。巻き終わりは指でつまんで、ソーセージにくっつける。

6 巻き終わりを下にしてオーブンシートを敷いた天板に並べ、35〜38℃で20〜25分オーブン発酵させる。天板には、熱湯の入ったマグカップをのせること。

発酵 35〜38℃ 20〜25分

7 生地表面にはけで溶き卵（分量外）を塗り、200℃のオーブンで15〜20分焼く。

200℃ 15〜20分

3 折り返した面が内側にくるように二つ折りにする。合わせ目を手のひらのつけ根でしっかり押さえる。

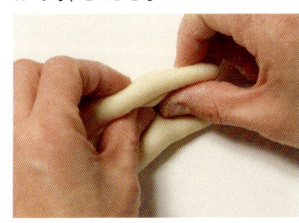

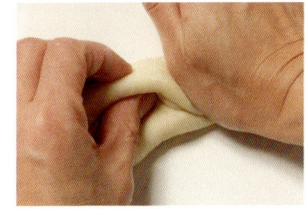

4 生地を押さえつけながら転がして40cmくらいの長さにのばす。太さは均一にする。

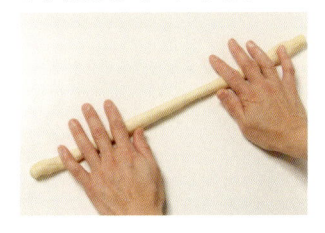

材料［8個分］

パン・オ・レ生地

強力粉	250g
砂糖	30g
塩	4g
ドライイースト	3g
バター	40g
卵黄	1個分
牛乳	180g

＋

ソーセージ … 8本（15cmくらい）

作り方

1 P53のパン・オ・レの作り方①〜⑭を参照してベンチタイムまで行う。

2 閉じ目を上にして台に置き、手のひらで生地を押さえて平らにする。上1/3を折り返し、手のひらのつけ根でしっかり押さえる。下1/3も同じように折り返して押さえる。

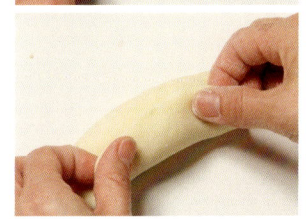

バターロールのアレンジ

カレーパン

オーブンを使わずに揚げて仕上げるカレーパンは比較的初心者向き。
揚げ油はショートニングを使うと、よりカリッとした食感になります。
カレーがたっぷり入った揚げたてのカレーパンは、もうたまりません。

2章 おかずパン

作ってみたい
おかずパン
第2位

| Total 165分 | 揚げ 4〜5分 | ← | 二次発酵 10〜15分 | ← | 成形 15分 | ← | ガス抜き・ベンチタイム 25分 | ← | 一次発酵 50〜60分 | ← | こね 30分 | ← | 具作り 30分 |

材料 [8個分]

バターロール生地

強力粉	300g
砂糖	20g
塩	6g
ドライイースト	5g
スキムミルク	5g
バター	20g
卵黄	1個分
ぬるま湯(35〜38℃)	185g

＋

カレー(冷めたもの) … 約480g
溶き卵、パン粉、
揚げ油 ……………… 適量

＊カレーの材料と作り方はP83参照

＊ショートニングを使うときは、鍋に入れて加熱し、溶けて液体状になったものを揚げ油とします。

作り方

1 P29のバターロールの作り方❶〜⓭を参照してベンチタイムまで行う。⓫は8等分にする。

2 閉じ目を上にして台に置き、めん棒で楕円形にのばす。

3 生地の縁をさけて、上半分に8等分にしたカレーをのせる。

4 生地の手前を持ち上げて二つ折りにし、合わせ目を少しずらして指でくっつける。

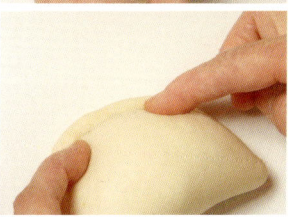

5 ずらした部分の生地を折り返してしっかり閉じる。

6 合わせ目を下にして天板に並べ、35℃で10〜15分オーブン発酵させる。

発酵 35℃ 10〜15分

7 合わせ目がしっかり閉じていることを確認して、溶き卵、パン粉の順にまぶす。

8 180℃の油で裏返しながら4〜5分揚げる。

180℃ 4〜5分

バターロールのアレンジ

コーンマヨロール

コーンもマヨネーズもたっぷりのせた大満足のおかずパンです。
十字に切り込みを入れてそこに具材を入れる方法は、
覚えておくといろいろなアレンジが楽しめます。
コーンの代わりにツナやベーコンにしてもおいしそうです。

2章 おかずパン

作ってみたい
おかずパン
第3位

| Total 145分 | 焼き 15分 | 二次発酵 20分 | 成形 5分 | ガス抜き・ベンチタイム 25分 | 一次発酵 50~60分 | こね 30分 |

作り方

1 P29のバターロールの作り方 ❶～⓭を参照してベンチタイムまで行う。

2 丸く形を整えてオーブンシートを敷いた天板に並べ、35～38℃で20分オーブン発酵させる。天板には、熱湯の入ったマグカップをのせること。

発酵 35~38℃ 20分

3 キッチンばさみで十字に深く切り込みを入れる。

4 切り込みにマヨネーズをしぼり、コーンをたっぷりのせて最後にマヨネーズをかける。

5 200℃のオーブンで約15分焼く。

200℃ 15分

材料 [10個分]

バターロール生地
- 強力粉　　　　　　 300g
- 砂糖　　　　　　　 20g
- 塩　　　　　　　　 6g
- ドライイースト　　 5g
- スキムミルク　　　 5g
- バター　　　　　　 20g
- 卵黄　　　　　　　 1個分
- ぬるま湯(35～38℃)　185g

＋

- コーン　　　　　　 200g
- マヨネーズ　　　　 適量

山形食パンのアレンジ

じゃがいものパン

じゃがいも、ベーコン、玉ねぎを炒めてパンで包み込み、
その上から生クリーム仕立てのソースをたっぷりそそぎました。
少し手間はかかりますが、作るだけの価値はあります。
子どもから大人までみんなに愛される味です。

2章 おかずパン

Total 180分 ← 焼き 15〜20分 ← 二次発酵 20分 ← 成形 10分 ← ガス抜き・ベンチタイム 30分 ← 一次発酵 60分 ← こね 30分 ← 具作り 15分

材料 [8個分]

山形食パン生地

強力粉	375g
砂糖	18g
塩	8g
ドライイースト	6g
スキムミルク	10g
バター	25g
ぬるま湯（35〜38℃）	245g

＊中に入れる具

じゃがいも	大1〜2個
ベーコン	50g
玉ねぎ	½個
シブレット（あさつき）	適量
オリーブオイル	適量
塩、こしょう	各適量

＊ソース

生クリーム	100g
卵黄	10g
全卵	25g
塩	小さじ⅔
こしょう	適量

[具を作る]

❶じゃがいもは皮をむいて薄切りにする。ベーコンを1cm幅にカットし、玉ねぎはみじん切りにする。シブレットは細かく刻む。
❷フライパンにオリーブオイルを熱し、ベーコンと玉ねぎを炒める。じゃがいもとシブレットを加えて混ぜ合わせ、塩、こしょうで味を調える。

[ソースを作る]

ボウルに生クリーム、卵黄、全卵を入れてよく混ぜる。塩、こしょうで濃いめに味つけをする。

作り方

1 P17の山形食パンの作り方❶〜❾を参照して一次発酵まで行う。

2 生地の周りに手を入れて持ち上げるようにしてガスを抜く①。カードで8等分に分ける。生地の角を中心に集めるようにして丸め②、手のひらで転がしながら形を整える③。

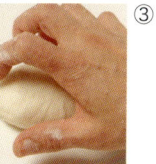

3 キャンバス地の中で約20分生地を休ませる。乾燥しないように、かたくしぼったぬれぶきんを上からかけておく。

4 閉じ目を上にして台に置き、手のひらで生地を押さえて平らにする。8等分にした具をのせて、生地の端を中心に合わせるように包み込み、合わせ目を指でつまんでしっかり閉じる。

5 閉じ目を下にしてオーブンシートを敷いた天板に並べ、30〜35℃で約20分オーブン発酵させる。天板には、熱湯の入ったマグカップをのせること。

発酵 30〜35℃ 20分

6 生地表面に強力粉（分量外）をふり、キッチンばさみで十字に切り込みを入れる。中の具が見えるくらいまで深くカットする。

7 200℃のオーブンで10〜15分焼く。オーブンからとり出して切り込みにソースをたっぷり流し入れ、さらに約5分焼く。

200℃ 15〜20分

山形食パンのアレンジ

ほうれん草のパン

山形食パンがうまく焼けるようになったら、ほうれん草を練り込んだ生地にチャレンジを！
水分の調節は少し難しいですが、それ以外はまったく同じ手順です。
ほうれん草の苦みはまったくないので、野菜嫌いのお子さんにもおすすめ。

2章 おかずパン

| Total 185分 | 焼き 30~35分 | ← | 二次発酵 30~40分 | ← | 成形 5分 | ← | ガス抜き・ベンチタイム 30分 | ← | 一次発酵 60分 | ← | こね 30分 |

材料 [食パン型1.5斤分]

山形食パン生地

- 強力粉 ………………… 375g
- 砂糖 …………………… 18g
- 塩 ……………………… 8g
- ドライイースト ……… 7g
- バター ………………… 25g
- ぬるま湯(35~38℃) ‥ 220g

＋

- ほうれん草 …………… 80g

[下準備]

ほうれん草はやわらかくゆでて水気をしっかりきり、みじん切りにする。

作り方

1 P17の山形食パンの作り方❶~⓮を参照してベンチタイムまで行う。❶で材料を合わせるときはスキムミルクは省き、❷でぬるま湯を入れるときはほうれん草も入れる。

2 閉じ目を上にして台に置き、手のひらで生地を押さえて平らにする。再び生地を丸めて楕円形にし、合わせ目をしっかり閉じる。

3 バター(分量外)を塗った食パン型に、閉じ目を下にして入れる。両端から置き、真ん中を最後に入れて上から軽く押さえる。

4 かたくしぼったぬれぶきんをかけて35~38℃で30~40分オーブン発酵させる。生地が型より2cmくらいとび出てくれば発酵完了。

発酵 35~38℃ 30~40分

5 210℃のオーブンで約20分焼き、200℃に落としてさらに10~15分焼く。

210℃・20分
200℃・10~15分

プチパンのアレンジ

ハムチーズパン

ハムとチーズは相性バツグン。おかずパンの代表選手です。
成形するときは、生地を切り離さないように注意しながら切り込みを入れましょう。
チーズをたっぷりのせて、焼きたてのチーズがとろけているうちにどうぞ。

2章 おかずパン

| Total 160分 | 焼き 15～20分 | 二次発酵 20～25分 | 成形 20分 | ガス抜き・ベンチタイム 25分 | 一次発酵 50～60分 | こね 30分 |

材料 [10個分]

プチパン生地

- 強力粉 …………… 380g
- 砂糖 ……………… 6g
- 塩 ………………… 5～6g
- ドライイースト ……… 5g
- バター …………… 20g
- ぬるま湯(35～38℃) … 250g

＋

- ハム ……………… 10枚
- ピザ用チーズ ………… 200g

作り方

1 P35のプチパンの作り方①～⑭を参照してベンチタイムまで行う。

2 閉じ目を上にして台に置き、手のひらで生地を押さえて平らにする。

3 ハムをのせて手前からクルクルと巻き、巻き終わりを指でつまんでしっかり閉じる。

4 閉じ目が内側にくるように二つ折りにし、合わせ目を指でつまんでしっかり閉じる。

5 生地の中央あたりからナイフを入れ、手前半分を切る。切り口を開いて断面が見えるようにする。

6 オーブンシートを敷いた天板に並べ、35～38℃で20～25分オーブン発酵させる。天板には、熱湯の入ったマグカップをのせること。

発酵 35～38℃ 20～25分

7 チーズをたっぷりのせて200℃のオーブンで15～20分焼く。

200℃ 15～20分

プチパンのアレンジ

ベーグル

バターも卵も牛乳も使わないヘルシーなパンです。
もっちりとした食感の秘密は、オーブンで焼く前にサッとゆでているから。
半分にカットして好みの具材をはさめば、さらにおいしさが広がります。
ここでは、生ハム、カマンベールチーズ、ドライトマトのオイル漬け、
バジルをはさみました。

2章 おかずパン

| Total 160分 | ゆで・焼き 25〜30分 | 二次発酵 20〜25分 | 成形 20分 | ガス抜き・ベンチタイム 30分 | 一次発酵 50分 | こね 15分 |

材料 [5個分]

ベーグル用プチパン生地

強力粉 …………… 390g
砂糖 ……………… 20g
塩 ………………… 7g
ドライイースト …… 1g
水（25℃） ………… 230〜235g

＋

はちみつ（ゆで用）… 大さじ1

作り方

1 P35のプチパンの作り方❶〜❹を参照して生地を作る。台に出してたたく時間は10分ほどでOK！

2 生地を丸く整えてバター（分量外）を塗ったボウルに入れ、ラップをかぶせて25℃（または室温）で約50分オーブン発酵させる。生地の周りに手を入れて持ち上げるようにしてガスを抜く①。カードで5等分に分ける。生地の角を中心に集めるようにして丸め②、手のひらで転がしながら形を整える③。

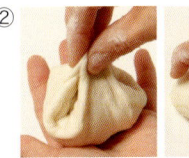

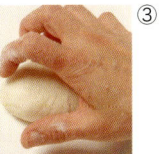

発酵 25℃・50分

3 キャンバス地の中で約20分生地を休ませる。乾燥しないように、かたくしぼったぬれぶきんを上からかけておく。

4 閉じ目を上にして台に置き、めん棒で8×13cmの長方形にのばす。

5 横長に置き、上から少しずつ折り返して手のひらのつけ根でしっかり押さえ、細長い棒状にする。

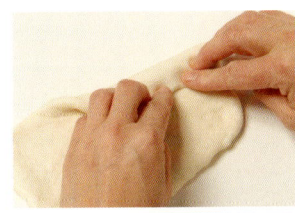

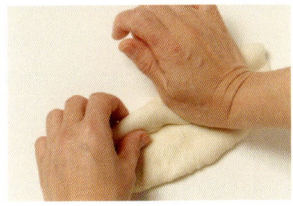

6 手で転がしながら30cmくらいの長さまでのばす。両端を少しひねって①、片方の端を手で押さえて平らにし②、輪になるようにつなげる③。つなぎ目は指でしっかり押さえる。

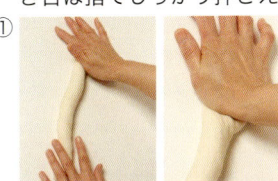

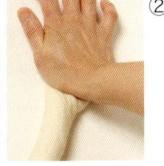

7 天板に並べて25℃で20〜25分オーブン発酵させる（25℃設定ができない場合は、キャンバス地の中で室温発酵でもよい）。生地が1cm大きくなれば発酵完了。

発酵 25℃ 20〜25分

8 大きめの鍋で湯を沸騰させ、湯1ℓに対してはちみつ大さじ1を入れて溶かす。生地を入れて片面30秒ずつゆで、布などで水気をきる。

9 オーブンシートを敷いた天板に並べ、220℃のオーブンで約10分焼き、200℃に落としてさらに5〜10分焼く。

220℃・10分
200℃・5〜10分

ベーグルのバリエーション❶

ベストマッチな組み合わせ！
ブルーベリーとクリームチーズ

2章 おかずパン

材料 [5個分]

ベーグル用プチパン生地
- 強力粉 ………… 390g
- 砂糖 ………… 20g
- 塩 ………… 7g
- ドライイースト … 1g
- 水（25℃）……… 230～235g

＋

- ドライブルーベリー … 50g
- クリームチーズ …… 100g

- はちみつ（ゆで用）… 大さじ1

作り方

1. P73の基本のベーグル1～3と同じ。

2. 閉じ目を上にして台に置き、めん棒で8×13cmの長方形にのばす。ブルーベリーと細かくちぎったクリームチーズをのせる。

3. P73の基本のベーグル5～9と同じ。

220℃・10分
200℃・5～10分

74

ベーグルのバリエーション ❷

香ばしい玉ねぎがアクセント！
玉ねぎと
黒こしょう

材料 [5個分]

ベーグル用プチパン生地
強力粉 ………………… 390g
砂糖 …………………… 20g
塩 ……………………… 7g
ドライイースト ………… 1g
水（25℃）……………… 230g

➕

フライドオニオン …… 75g
黒こしょう …………… 適量
はちみつ（ゆで用）…… 大さじ1

作り方

1 P73の基本のベーグル **1〜3** と同じ。

2 閉じ目を上にして台に置き、めん棒で 8×13cm の長方形にのばす。フライドオニオンをのせて黒こしょうをふる。

3 P73の基本のベーグル **5〜8** と同じ。

4 オーブンシートを敷いた天板に並べ、表面に黒こしょうをふる。220℃のオーブンで約10分焼き、200℃に落としてさらに5〜10分焼く。

220℃・10分
200℃・5〜10分

プチパンのアレンジ

フォカッチャ

フォカッチャはイタリア生まれの平たいパン。
バターの代わりにオリーブオイルを入れるので、素朴で軽い味わいです。
そのままでもおいしいですが、肉や野菜、チーズなどをはさんで
サンドイッチにするのもおすすめ。

2章 おかずパン

| Total 140分 | 焼き 20分 | 二次発酵 20〜25分 | 成形 5分 | ガス抜き・ベンチタイム 25分 | 一次発酵 45〜50分 | こね 25分 |

材料 ［直径20cm・1枚分］

フォカッチャ用プチパン生地

強力粉 …………… 250g
砂糖 ……………… 5g
塩 ………………… 5g
ドライイースト ……… 3g
ぬるま湯(35〜38℃) … 100g

＋

牛乳 ……………… 50g
オリーブオイル ……… 30g

あら塩 …………… 適量
ローズマリー ……… 適量

作り方

1 P35のプチパンの作り方❶〜❹を参照して生地を作る。❷でぬるま湯を入れるときは牛乳と合わせて入れ、オリーブオイルも加える。台に出してたたく時間は20分にする。

2 生地を丸く整えてオリーブオイル（分量外）を塗ったボウルに入れ、ラップをかぶせて30℃で45〜50分オーブン発酵させる。

発酵 30℃ 45〜50分

3 生地を台に出して、手のひらで生地を押さえてガスを抜く。端を中心に合わせるようにひだを寄せて丸め、合わせ目を指でつまんで閉じる。

4 キャンバス地の中で約20分生地を休ませる。乾燥しないように、かたくしぼったぬれぶきんを上からかけておく。

5 閉じ目を下にして台に置き、めん棒で直径20cmの円形にのばす。

6 オーブンシートを敷いた天板に置き、35℃で20〜25分オーブン発酵させる。天板には、熱湯の入ったマグカップをのせること（天板が小さくてマグカップがのせられない場合は、かたくしぼったぬれぶきんを生地にかぶせる）。

発酵 35℃ 20〜25分

7 人差し指で15か所ほど深めに穴を開ける。生地表面にはけでオリーブオイル（分量外）を塗り、あら塩をふってローズマリーをのせる。

8 210℃のオーブンで約20分焼く。

210℃ 20分

プチパンのアレンジ

ピザ

みんな大好き、本格ピザを手作りしてみましょう。
フォカッチャと同じ生地を使いますが、二次発酵はせずに焼き上げて
しっかりとした噛みごたえのある土台を作ります。
好みの具材をトッピングして、オリジナルピザを楽しんでもOK！

| Total 115分 | 焼き 10〜15分 | ← | 成形 10分 | ← | ガス抜き・ベンチタイム 25分 | ← | 一次発酵 45〜50分 | ← | こね 25分 |

7
トマトソースを薄く塗り、1cm厚さに切ったモッツァレラチーズと半分に切ったプチトマトをのせる。

2
生地を丸く整えてオリーブオイル（分量外）を塗ったボウルに入れ、ラップをかぶせて30℃で45〜50分オーブン発酵させる。

発酵 30℃ 45〜50分

3
生地を台に出して、手のひらで生地を押さえてガスを抜く。端を中心に合わせるようにひだを寄せて丸め、合わせ目を指でつまんで閉じる。

4
キャンバス地の中で約20分生地を休ませる。乾燥しないように、かたくしぼったぬれぶきんを上からかけておく。

8
全体にオリーブオイル（分量外）をかけてバジルをのせる。230℃のオーブンで10〜15分焼く。

230℃ 10〜15分

5
オーブンシートを敷いて閉じ目を下にして置き、めん棒で直径30cmの円形にのばす。

6
生地をオーブンシートごと天板にのせ、表面にフォークで穴をあける。

材料［直径30cm・1枚分］

プチパン生地
- 強力粉 ……………… 250g
- 砂糖 ………………… 5g
- 塩 …………………… 5g
- ドライイースト ……… 3g
- ぬるま湯（35〜38℃）… 100g

＋
- 牛乳 ………………… 50g
- オリーブオイル ……… 30g

- モッツァレラチーズ … 200g
- プチトマト ………… 10個
- バジル ……………… 10枚

＊トマトソース
- トマト水煮（ホール）… ½缶（200g）
- にんにく …………… ½かけ
- オリーブオイル ……… 大さじ1
- ローリエ …………… 1枚
- ドライバジル ……… 小さじ½
- 塩 …………………… 適量

［トマトソースを作る］
にんにくは包丁の腹でつぶす。フライパンにオリーブオイルとにんにくを入れて、香りが出るまで加熱する。トマトの水煮を加えて、ローリエ、ドライバジルを入れ、ソースが半量になるまで煮つめる。塩で味を調える。

作り方

1
P35のプチパンの作り方❶〜❹を参照して生地を作る。❷でぬるま湯を入れるときは牛乳と合わせて入れ、オリーブオイルも加える。台に出してたたく時間は20分にする。

● プチパンのアレンジ

ナン

カレー専門店などで見かけるナンは、
インドの代表的なパンです。
お店でもサッと焼いているように、
とてもシンプルな作り方なので
初心者でも挑戦できます。
オーブンを使わずに
フライパンで焼くことができるのも
うれしいポイント！

2章 おかずパン

Total 110分 → 焼き 10分 ← 二次発酵 5分 ← 成形 10分 ← ガス抜き・ベンチタイム 25分 ← 一次発酵 30～40分 ← こね 30分

材料 [8枚分]

プチパン生地

強力粉	380g
砂糖	6g
塩	5～6g
ドライイースト	5g
バター	20g
ぬるま湯（35～38℃）	250g

＋

オリーブオイル ……… 適量

※写真のカレーは次ページに作り方をのせています。

作り方

1 P35のプチパンの作り方❶～❼を参照して生地を作る。

2 生地を丸く整えてバター（分量外）を塗ったボウルに入れ、ラップをかぶせる。28～30℃で30～40分オーブン発酵させる。

発酵 28～30℃ 30～40分

3 生地の周りに手を入れて持ち上げるようにしてガスを抜く①。カードで8等分に分ける。生地の角を中心に集めるようにして丸め②、手のひらで転がしながら形を整える③。

① 
② 
③

4 キャンバス地の中で約15分生地を休ませる。乾燥しないように、かたくしぼったぬれぶきんを上からかけておく。

5 閉じ目を下にして台に置き、めん棒で1cm厚さにのばす。

6 片方の端を引っ張って足形にし、キャンバス地の中で約5分室温発酵させる。

発酵 室温・5分

7 フライパンにオリーブオイルを入れ、中火で生地を焼く。5分焼いたら、ひっくり返してさらに5分程度焼く。

中火 10分

8 焼き上がったら、はけで両面にバター（分量外）を塗る。

ひき肉とひよこ豆の
カレー

スパイスが効いた、本場インドの雰囲気が感じられるカレーです。
ナンと一緒に食べれば、お店に行ったような贅沢気分に。
このレシピは、カレーパンの具にも使えます。
その場合は、よく煮つめてトロトロにしたほうがおいしいです。

2章 おかずパン

材料 [4〜5人分]

合いびき肉	250g
ひよこ豆	200g
じゃがいも	1個
玉ねぎ	小1個
セロリ	1本
にんじん	1本
りんご	½個
にんにく、しょうが	各1かけ
トマト水煮(ホール)	½缶(200g)
オリーブオイル	大さじ1
バター	20g
クミンシード	小さじ1
水	700cc
シナモンスティック	1本
ローリエ	1枚
カレールー(市販品)	1箱 (160〜170g)
クミンパウダー	小さじ2
赤ワイン	大さじ1
塩、こしょう	各少々

作り方

1 じゃがいもは2cm角に切り、玉ねぎ、セロリ、にんにくはみじん切り、にんじん、りんご、しょうがはすりおろす。トマトの水煮は手でにぎりつぶしておく。

2 鍋にオリーブオイルとバターを熱してにんにくと玉ねぎがあめ色になるまで炒める。セロリを加えて透き通ってきたらクミンシードを入れ、さらに炒める。

3 にんじん、りんご、しょうがを入れて、水、トマトの水煮、シナモン、ローリエを加え、沸騰したらひよこ豆とじゃがいもを加えて、さらに20分煮込む。

4 カレールーとクミンパウダーを加える。

5 フライパンでひき肉を炒め、赤ワインを加えてアルコールをとばし、**4**に入れる。

6 塩、こしょうで味を調える。カレーパンに使うときは、濃いめに味つけするとよい。完全に冷ましてから使うこと。

> カレーパン(P62)の具にする場合はとろみが出るまでよく煮つめること。ナンにつける場合は、あまり煮つめず、サラッとしているほうがよく合います。

プチパンのアレンジ

肉まん

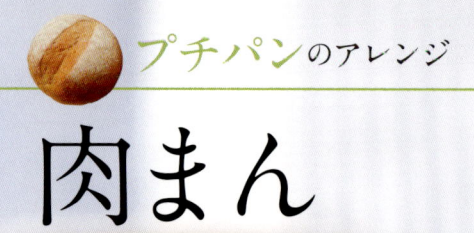

2章 おかずパン

ふんわりとした肉まん生地は、強力粉と薄力粉をミックスしているから。
お酒を少し入れることで、本格的な深い味わいになります。
中から肉汁がじゅわっとあふれる、蒸かしたてのおいしさを味わってみませんか。

Total 115分 ← 蒸し 15分 ← 二次発酵 10〜13分 ← 成形 15分 ← ガス抜き・ベンチタイム 20分 ← 一次発酵 15分 ← こね 20分 ← 具作り 20分

材料 [10個分]

肉まん用プチパン生地
- 強力粉 ………………… 150g
- 砂糖 …………………… 30g
- 塩 ……………………… 2〜3g
- ドライイースト ……… 6g
- ぬるま湯(35〜38℃) … 100g

+

- 薄力粉 ………………… 150g
- ベーキングパウダー … 3g
- 酒(にごり酒など) …… 65g
- サラダ油 ……………… 20g

＊肉まんの具
- 豚ひき肉 ……………… 350g
- 白菜 …………………… 2枚
- 干ししいたけ ………… 5枚
- たけのこ ……………… 40g
- 長ねぎ ………………… 1本

A
- しょうゆ ……………… 小さじ2
- しょうが(すりおろし) … 適量

B
- しょうが(すりおろし) … 1かけ分
- 砂糖、塩 ……………… 各小さじ1
- しょうゆ ……………… 大さじ2強
- 酒 ……………………… 大さじ2
- 豆板醤 ………………… 小さじ½
- ごま油 ………………… 小さじ2

＊肉まんの具は少し多めに出来ます。

作り方

1 P35のプチパンの作り方①〜④を参照して生地を作る。①で材料を合わせるときは、薄力粉、ベーキングパウダーも入れる。②でぬるま湯を入れるときは、酒も合わせて入れる。台に出してたたく時間は10分でOK！

2 サラダ油を練り込んでさらに5分たたく。生地を薄くのばし、透けるような膜が張っていたら、生地を丸く整えてサラダ油(分量外)を塗ったボウルに入れる。ラップをかぶせて28℃で約15分オーブン発酵させる。

発酵 28℃ 15分

3 生地の周りに手を入れて持ち上げるようにしてガスを抜く①。カードで10等分に分ける。生地の角を中心に集めるようにして丸め②、手のひらで転がしながら形を整える③。

4 キャンバス地の中で約10分生地を休ませる。乾燥しないように、かたくしぼったぬれぶきんを上からかけておく。

5 閉じ目を上にして台に置き、手のひらで生地を押さえて平らにする。10等分にした具をのせて、生地の四隅を中心に合わせるように包み込み①・②、ひだを寄せて閉じる③。

6 小さく切ったオーブンシートにひとつずつ生地をのせて天板に並べ、35℃で10〜13分オーブン発酵させる。

発酵 35℃ 10〜13分

7 湯気の上がった蒸し器に入れて15分間蒸す。

[具を作る]

❶豚ひき肉にAをまぶしておく。
❷白菜はゆでて水気をしぼり、干ししいたけは湯で戻して、ともにみじん切りにする。たけのこ、長ねぎもみじん切りにする。
❸①、②をボウルに入れてBを加え、白っぽくなるまでよく混ぜる。

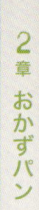

プチパンのアレンジ

タルトフランベ

フランス・アルザス地方の郷土料理です。
上にのせる具材はいろいろですが、ドイツに面した地域なので、
ベーコンや玉ねぎが一般的です。
ビールやワインなど、お酒との相性もいいのでホームパーティなどでも使えそう。

2章 おかずパン

| Total 140分 | 焼き 15分 | ← | 二次発酵 10分 | ← | 成形 15分 | ← | ガス抜き・ベンチタイム 20分 | ← | 一次発酵 50〜60分 | ← | こね 30分 |

材料 [直径20cm・2枚分]

プチパン生地

- 強力粉 …………………… 380g
- 砂糖 ……………………… 6g
- 塩 ………………………… 5〜6g
- ドライイースト ………… 5g
- バター …………………… 20g
- ぬるま湯(35〜38℃) … 250g

＋

- サワークリーム ……… 100g
- 生クリーム …………… 60g
- 強力粉 ………………… 10g
- 玉ねぎ(薄くスライス)
  ………………………… ½個
- ベーコン(2cm幅にカット)
  ………………………… 50〜60g
- 塩、こしょう、ナツメグ … 適量

作り方

1 P35のプチパンの作り方❶〜❾を参照して一次発酵まで行う。

2 生地を台に出して、カードで2等分に分ける。手のひらで生地を押さえてガスを抜く。端を中心に合わせるようにひだを寄せて丸め、合わせ目を指でつまんで閉じる。

3 キャンバス地の中で約15分生地を休ませる。乾燥しないように、かたくしぼったぬれぶきんを上からかけておく。

4 閉じ目を下にして台に置き、めん棒で直径20cmの円形にのばす。

5 オーブンシートを敷いた天板に置き、表面にフォークで穴をあける。

6 ボウルにサワークリームと生クリームの半量を入れて混ぜる。強力粉をふるって加え、塩、こしょう、ナツメグも入れて混ぜ合わせる。

7 生地表面に6をたっぷり塗る。玉ねぎ、ベーコンをのせて、残りの生クリームを全体にかける。

8 35℃で約10分オーブン発酵させる。

発酵 35℃ 10分

9 220℃のオーブンで約15分焼く。

220℃ 15分

プチパンのアレンジ

イングリッシュマフィン

セルクルにはめてオーブンで焼くのが一般的ですが、フライパンでそのまま焼いてもOKです。2つに割ってバターを塗って食べるもよし、チーズやソーセージ、野菜をはさんで食べるもよし、シンプルな味なので、いろいろな食べ方が楽しめます。

2章 おかずパン

| Total 150分 | 焼き 15~20分 | 二次発酵 20分 | 成形 10分 | ガス抜き・ベンチタイム 25分 | 一次発酵 50~60分 | こね 30分 |

作り方

1 P35のプチパンの作り方❶~⓮を参照してベンチタイムまで行う。

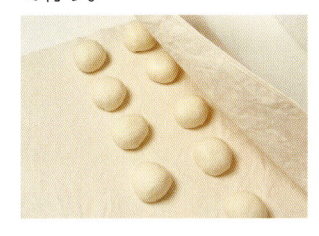

2 天板にセルクルを並べて中にコーンミールをふる。

3 生地を型に入れて上から手で押さえてガス抜きをする。

4 35~38℃で約20分オーブン発酵させる。天板には、熱湯の入ったマグカップをのせること。生地が型の8分目までふくらめば発酵完了。

発酵 35~38℃ 20分

5 表面にコーンミールをふり、上からオーブンシートをかぶせて天板を重ねる。220℃のオーブンで15~20分焼く。

220℃ 15~20分

材料 [直径8.5cmのセルクル型10個分]

プチパン生地

強力粉 ……………… 380g
砂糖 ………………… 6g
塩 …………………… 5~6g
ドライイースト ……… 5g
バター ……………… 20g
ぬるま湯(35~38℃) … 250g

＋

コーンミール ………… 適量

バゲットのアレンジ

ベーコンエピ

「エピ」とはフランス語で麦の穂という意味。
その名の通り、穂が並んだ形が特徴的なフランスパンです。
成形が難しそう……と思いますが、ハサミで4〜5本切り込みを入れて左右交互に広げるだけ。
ベーコンとの相性もぴったりです。

2章 おかずパン

| Total 145分 | 焼き 15分 | 二次発酵 20〜30分 | 成形 15分 | ガス抜き・ベンチタイム 30分 | 一次発酵 50〜60分 | こね 15分 |

※生地作りの前にパン種を13時間寝かせます。

材料［5本分］

バゲット生地

- フランスパン専用粉 … 150g
- 砂糖 … 3g
- 塩 … 6g
- ドライイースト … 3g
- モルトパウダー … 1.5g
- ぬるま湯（35℃）… 15g
- 水（20〜23℃）… 80g
- ＊パン種
- 強力粉 … 150g
- ドライイースト … 0.5g
- 水（25℃）… 90g

＋

- ベーコン … 5枚

作り方

1 P41のバゲットの作り方❶〜⓭を参照してベンチタイムまで行う。

2 閉じ目を上にして台に置き、手のひらで生地を押さえて平らにする。ベーコンを1枚のせて生地でくるみ、合わせ目を手のひらのつけ根で押さえて閉じる。

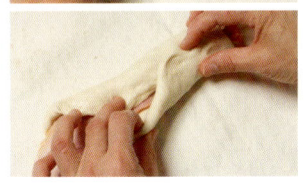

3 閉じ目を内側にしてさらに二つ折りにし、合わせ目を指でつまんでしっかり閉じる。真ん中だけでなく、端までしっかり閉じること。手で転がしながら太さを均一にする。

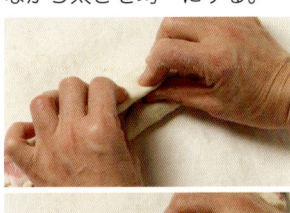

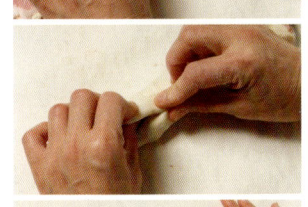

4 キャンバス地の中で20〜30分室温発酵させる。

発酵　室温 20〜30分

5 オーブンシートを敷いた天板に並べ、表面に茶こしを使って強力粉（分量外）をふる。

6 エピ（麦の穂）の形になるように、生地に45度の角度で深くハサミを入れる。パチンと一気にカットして左右交互に広げる。

7 300℃（または設定できる最高温度）に予熱したオーブンに生地を入れて扉を閉じる。220℃に設定しなおして約15分焼く。

220℃ 15分

パン・ド・カンパーニュのアレンジ

黒オリーブの全粒粉パン

全粒粉は表皮や胚芽など、小麦のすべてを粉にしたもの。
穀物独特の豊かな風味があり、ビタミン、ミネラルなど、栄養価が高いのも特徴です。
薄くスライスしてチーズやハムなどをはさんで食べてもおいしいです。

2章 おかずパン

| Total 170分 | 焼き 30分 | 二次発酵 30分 | 成形 5分 | ガス抜き・ベンチタイム 25分 | 一次発酵 50〜60分 | こね 30分 |

※生地作りの前にパン種を1時間寝かせます。

材料 [1個分]

パン・ド・カンパーニュ生地

- 強力粉 …………………… 200g
- 砂糖 ……………………… 6g
- 塩 ………………………… 6〜7g
- ドライイースト ………… 4g
- モルトパウダー ………… 1g
- バター …………………… 10g
- ぬるま湯(35〜38℃) … 100g
- ＊パン種
- 全粒粉 …………………… 100g
- ドライイースト ………… 1g
- ぬるま湯(35〜38℃) … 100g

＋

- 黒オリーブ(種なし) … 100g

作り方

1 P47のパン・ド・カンパーニュの作り方❶〜❼を参照して生地を作る。❶はライ麦粉でなく全粒粉にする。

2 黒オリーブをあらく刻み、生地に混ぜて練り込む。

3 生地を丸く整えてバター(分量外)を塗ったボウルに入れ、ラップをかぶせる。30℃で50〜60分オーブン発酵させる。

発酵 30℃ 50〜60分

4 生地を台に出して、手のひらで生地を押さえてガスを抜く。端を中心に合わせるようにひだを寄せて丸め、合わせ目を指でつまんで閉じる。

5 キャンバス地の中で約20分生地を休ませる。乾燥しないように、かたくしぼったぬれぶきんを上からかけておく。

6 ❹と同じように丸く形を整える。発酵かごの内側に茶こしで強力粉(分量外)をふり、閉じ目を上にして入れる。生地を上から軽く押さえる。

7 かたくしぼったぬれぶきんをふんわりとかけて、30〜35℃で約30分オーブン発酵させる。

発酵 30〜35℃ 30分

8 発酵かごをひっくり返してオーブンシートを敷いた天板にそっと置く。生地表面にクープナイフで「井」の形のクープを入れ、220℃のオーブンで約30分焼く。

220℃ 30分

基本のパンをアレンジ

おやつパン

2章では基本の生地をアレンジしたおかずパンを集めましたが、
この章では甘～いおやつパンの紹介です。
あんぱんやクリームパン、メロンパンなど、昔ながらの定番パンはもちろん、
スイーツのようなデザートパンやクリスマス用のパンまで、
バラエティ豊かに取り揃えています。

作ってみたいおやつパンは？

パン作りに興味のある女性100人に聞きました！

第1位　メロンパン
第2位　クリームパン
第3位　シナモンロール

やはりメロンパン人気は高いですね。難しそうだけど、作れたらうれしいパンのひとつでしょう。3位のシナモンロールは、ちょっと予想外でしょうか!?　でも、あのシナモンの効いたおいしさは、家で作って満足いくまで食べたい気持ちが分かります。あんぱんが入らなかったのは意外ですが、「今までに作ったことがあるパン」ではたくさんの票が集まりました。

3章

パン・オ・レのアレンジ

メロンパン

"かりかり" "ふわふわ" のふたつの食感が楽しめるのは、メロンパンならでは。
ヒミツは、パン生地にクッキー生地をのせて仕上げているから。
クッキー生地は、使うときまで冷蔵庫で冷やしておきましょう。

作ってみたい
おやつパン
第1位

3章 おやつパン

| Total 170分 | 焼き 15〜16分 | ← | 二次発酵 20〜25分 | ← | 成形 5分 | ← | ガス抜き・ベンチタイム 20分 | ← | 一次発酵 50〜60分 | ← | こね 30分 | ← | クッキー生地作り 30分 |

作り方

1 P53のパン・オ・レの作り方❶〜⓮を参照してベンチタイムまで行う。

2 生地を押さえてガス抜きをしながら転がし、丸く形を整えて、オーブンシートを敷いた天板に並べる。やわらかくしたクッキー生地をかぶせる。

3 35℃で20〜25分オーブン発酵させる。

発酵 35℃ 20〜25分

4 クッキー生地の上にグラニュー糖(分量外)をふる。180℃のオーブンで約10分焼き、170℃に落としてさらに5〜6分焼く。

180℃・10分
170℃・5〜6分

[クッキー生地を作る]

❶ボウルにバターを入れ、泡立て器でクリーム状にする。砂糖を数回に分けて加え、よくすり混ぜる。卵も数回に分けて加え、なめらかになるまで混ぜる。牛乳とレモンの皮も加える。

❷薄力粉とベーキングパウダーをふるって①に加え、さっくりとよく混ぜる。

❸ひとまとめにしてラップに包み、冷凍庫で約15分(または冷蔵庫で30分)休ませる。
❹生地をラップ2枚ではさみ、めん棒で5mm厚さにのばす。直径10cmの抜き型で抜く(ナイフでカットしてもよい)。

❺使うときまで冷蔵庫で冷やしておく。

材料 [8個分]

パン・オ・レ生地

強力粉	250g
砂糖	30g
塩	4g
ドライイースト	3g
バター	40g
卵黄	1個分
牛乳	170g

+

*クッキー生地

バター	150g
砂糖	100g
全卵	50g
牛乳	50g
レモンの皮(すりおろし)	1個分
薄力粉	190g
ベーキングパウダー	4g

バターロールのアレンジ

クリームパン

パン生地のほかにクリームまで作るなんて大変！ と思いますが、やっぱり手作りの味は格別。1度食べたらはまってしまうでしょう。カスタードクリームは、余ったらフルーツにつけて食べるなど、1〜2日中に食べきるようにしましょう。

作ってみたい
おやつパン
第2位

3章 おやつパン

| Total 185分 | 焼き 15分 | 二次発酵 20分 | 成形 15分 | ガス抜き・ベンチタイム 25分 | 一次発酵 50~60分 | こね 30分 | クリーム作り 30分 |

材料 [10個分]

バターロール生地

強力粉 ………………… 300g
砂糖 …………………… 20g
塩 ……………………… 5g
ドライイースト ……… 6g
バター ………………… 20g
卵黄 …………………… 1個分
ぬるま湯(35~38℃) … 185g

＋

＊カスタードクリーム

牛乳 …………………… 250g
バニラビーンズ ……… ½本
卵黄 …………………… 60g
砂糖 …………………… 70g
薄力粉 ………………… 20g

[カスタードクリームを作る]

❶バニラビーンズは縦に切り、中の種を包丁でこそげ取る。
❷鍋に牛乳とバニラビーンズの種、さやを入れて沸騰させる。
❸ボウルに卵黄と砂糖を入れ、泡立て器で白っぽくなるまですり混ぜる。ふるった薄力粉も加えてよく混ぜる。
❹②を少しずつ加えながら、混ぜ合わせる。
❺こし器でこして鍋に戻し、泡立て器で鍋底を混ぜながら強火で煮つめる。
❻表面がふつふつとしてきたら、さらに混ぜながら1~2分煮る。つやが出て生地が軽くなったら火を止める。

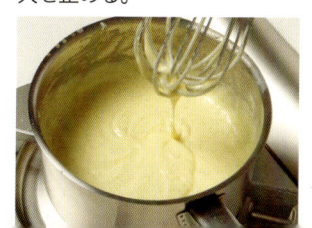

作り方

1 P29のバターロールの作り方❶~⓭を参照してベンチタイムまで行う。

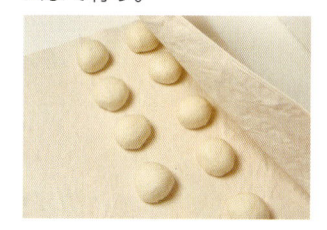

2 閉じ目を上にして台に置き、めん棒で楕円形にのばす。

3 生地の縁をさけて、上半分にクリーム35gをのせる

4 生地の手前を持ち上げて二つ折りにし、合わせ目を少しずらして指でくっつける。ずらした部分の生地を折り返してしっかり閉じる。

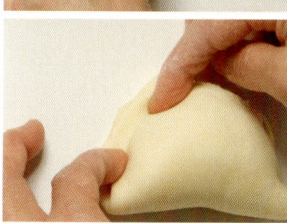

❼ボウルに入れて、生地にぴったり密着させるようにラップをかけ、氷水でしっかり冷やす。

5 合わせ目を下にしてオーブンシートを敷いた天板に並べ、35~38℃で約20分オーブン発酵させる。天板には、熱湯の入ったマグカップをのせること。

発酵 35~38℃ 20分

6 生地表面にはけで溶き卵(分量外)を塗り、190℃のオーブンで約15分焼く。

190℃ 15分

パン・オ・レのアレンジ

シナモンロール

生地をのばしてシナモンシュガーをふりかけ、
コロコロ巻いてカットすればもう出来上がり！
とっても簡単なのに、リッチな気分が味わえるパンです。
コーヒーにも紅茶にもよく合うので、ティータイムにぜひどうぞ。

3章 おやつパン

作ってみたい
おやつパン
第3位

Total 155分 | 焼き 20分 | 二次発酵 20分 | 成形 20分 | ガス抜き・ベンチタイム 25分 | 一次発酵 40~50分 | こね 30分

材料 [9個分]

シナモンロール用パン・オ・レ生地

強力粉	300g
砂糖	30g
塩	4.5g
ドライイースト	6g
バター	30g
全卵	45g
牛乳	10g

＋

水	150g

バター	90g
グラニュー糖	50g
シナモンパウダー	15g

＊デコレーション

クリームチーズ	45g
粉糖	60g
水	10g

作り方

1 P53のパン・オ・レの作り方❶~❽を参照して生地を作る。❶で卵と牛乳を混ぜるときは、水も合わせて入れる。

2 生地を丸く整えてバター（分量外）を塗ったボウルに入れ、ラップをかぶせて28~30℃で40~50分オーブン発酵させる。

発酵 28~30℃ 40~50分

3 生地を台に出して、手のひらで生地を押さえてガスを抜く。端を中心に合わせるようにひだを寄せて丸め、合わせ目を指でつまんで閉じる。キャンバス地の中で約20分生地を休ませる。乾燥しないように、かたくしぼったぬれぶきんを上からかけておく。

4 閉じ目を上にして台に置き、めん棒で25×30cmの長方形にのばす。角もしっかりのばして四角くする。

5 表面にバターを塗り、グラニュー糖とシナモンパウダーを合わせて、全面にまんべんなくふる。

6 手前から少しひっぱりながらしっかり巻き、巻き終わりを指でつまんで閉じる。転がして太さを均一にし、ラップに包んで冷凍庫で10分ほど休ませる。

7 9等分の輪切りにして天板に並べる。

8 かたくしぼったぬれぶきんをふんわりかぶせて、35~38℃で約20分オーブン発酵させる。

発酵 35~38℃ 20分

9 190℃のオーブンで約20分焼く。焼き上がったら、やわらかくしたクリームチーズと粉糖、水を合わせてよく混ぜたものをたっぷりかける。

190℃ 20分

山形食パンのアレンジ

ショコラパン

溶かしたチョコとチョコチップが入ったチョコづくしのパンです。
温かいチョコを加えるために、粉に入れるぬるま湯の温度は少し低めにしておきます。
バターもココアもたっぷり入ったリッチな味わいは、
まるでケーキを食べてるみたい！

3章 おやつパン

| Total 175分 | 焼き 30〜35分 | 二次発酵 30分 | 成形 5分 | ガス抜き・ベンチタイム 30分 | 一次発酵 50〜60分 | こね 30分 |

材料 [18cmのパウンド型2台分]

ショコラパン用 山形食パン生地

- 強力粉 …………… 360g
- 砂糖 ……………… 30g
- 塩 ………………… 6g
- ドライイースト …… 7g
- スキムミルク ……… 7g
- バター …………… 30g
- ぬるま湯(28〜30℃) … 245g

➕

- ココアパウダー …… 15g
- 卵黄 ……………… 2個分
- チョコレート ……… 80g
- チョコチップ ……… 75g

作り方

1 P17の山形食パンの作り方❶〜❻を参照して生地を作る。❶はココアも一緒に入れ、❷はぬるま湯と卵黄を合わせたものを入れる。❻で台にたたく時間は5分でOK！

2 35℃に溶かしたチョコレートを加えてさらに約5分たたく。生地を薄くのばし、透けるような膜が張っていたら、チョコチップを加えて混ぜ込む。

3 生地を丸く整えてバター（分量外）を塗ったボウルに入れる。ラップをかぶせて28〜30℃で50〜60分オーブン発酵させる。

発酵 28〜30℃ 50〜60分

4 生地の周りに手を入れて持ち上げるようにしてガスを抜く。カードで2等分に分ける。手のひらで生地を押さえて平らにし、生地の上1/3を折り返し①、手のひらのつけ根でしっかり押さえる。下1/3も同じように折り返して押さえる②。

5 キャンバス地の中で約20分生地を休ませる。乾燥しないように、かたくしぼったぬれぶきんを上からかけておく。

6 閉じ目を上にして台に置き、めん棒で15×20cmの長方形にのばす。

7 手前から空気が入らないようにしっかり巻き、巻き終わりを指でつまんで閉じる。バター（分量外）を塗ったパウンド型に閉じ目を下にして入れ、上から軽く押さえる。

8 かたくしぼったぬれぶきんをかけて、30〜35℃で約30分オーブン発酵させる。生地が型から2cmくらいとび出てくれば発酵完了。

発酵 30〜35℃ 30分

9 クープを斜めに1本入れて190℃のオーブンで30〜35分焼く。

190℃ 30〜35分

山形食パンのアレンジ

栗のパン

マロンペーストを練り込み、栗の渋皮煮を入れています。
カット面にゴロッとあらわれる大粒の栗は存在感をアピール！
しっとりとした生地にほどよい甘さで、上品な味わいです。
1.5斤の食パン型より小さめのパウンド型で2本焼き上げました。

3章 おやつパン

Total 165分 | 焼き 25~30分 ← 二次発酵 30~40分 ← 成形 10分 ← ガス抜き・ベンチタイム 30分 ← 一次発酵 40~50分 ← こね 30分

材料 [18cmのパウンド型2台分]

**栗のパン用
山形食パン生地**

強力粉 …………………… 300g
砂糖 ……………………… 20g
塩 ………………………… 6g
ドライイースト ………… 9g
バター …………………… 30g
ぬるま湯(35~38℃) … 160g

＋

全卵 ……………………… 50g
マロンペースト ………… 150g
栗の渋皮煮 ……………… 10個

作り方

1 P17の山形食パンの作り方❶～❺を参照して生地を作る。❶はスキムミルクを入れず、❷はぬるま湯と卵を合わせたものを入れる。

2 バターが混ざったら、さらに台の上で約5分たたく。生地の表面が細かくなめらかになったらマロンペーストを練り込み、さらに約5分たたく。

3 生地を薄くのばし、透けるような膜が張っていたら、生地を丸く整えてバター（分量外）を塗ったボウルに入れる。ラップをかぶせて28～30℃で40～50分オーブン発酵させる。

発酵 28~30℃ 40~50分

4 P103のショコラパンの作り方4を参照して同じようにガス抜きをして丸める。

5 キャンバス地の中で約20分生地を休ませる。乾燥しないように、かたくしぼったぬれぶきんを上からかけておく。

6 閉じ目を上にして台に置き、めん棒で15×20cmの長方形にのばす。

7 生地の手前1cmを空けて栗を5個並べる。栗をしっかり押さえながら空気が入らないようにしっかり巻き、巻き終わりを指でつまんで閉じる。

8 バター（分量外）を塗ったパウンド型に閉じ目を下にして入れ、上から軽く押さえる。

9 かたくしぼったぬれぶきんをかけて、30～35℃で30～40分オーブン発酵させる。生地が型から2cmくらいとび出してくれば発酵完了。

発酵 30~35℃ 30~40分

10 クープを斜めに1本入れて190℃のオーブンで25～30分焼く。

190℃ 25~30分

クロワッサンのアレンジ

パン・オ・ショコラ

クロワッサン生地でチョコレートをくるっと巻いてオーブンで焼けば、
香ばしく甘い香りの"パン・オ・ショコラ"が出来上がり！
チョコレートは、バトンショコラと呼ばれるスティック状のものを使っていますが、
板チョコでも代用できます。

3章 おやつパン

| Total 185分 | 焼き 20分 | 二次発酵 20~25分 | 成形 20分 | 折り込み 60分 | ガス抜き・ベンチタイム 25分 | 一次発酵 30分 | こね 10分 |

材料 [10個分]

クロワッサン生地
- 強力粉 ………………… 150g
- 薄力粉 ………………… 150g
- 砂糖 …………………… 30g
- 塩 ………………………… 4g
- ドライイースト ……… 9g
- バター ………………… 30g
- バター(折り込み用) … 165g
- 牛乳(15℃) ………… 100g
- ぬるま湯(35℃) ……… 100g

➕

- バトンショコラ ……… 20本

作り方

1 P23のクロワッサンの作り方❶~⓯を参照して生地を作る。

2 三つ折りにした最後の折り山が右にくるように置き、めん棒で21×55cmにのばす。

3 生地を台に出して、パイカッターなどで四方を切り落としてきれいに形を整える。10cmの正方形が10枚できるように切り分ける。バットに並べて冷凍庫に入れて5分冷やす。

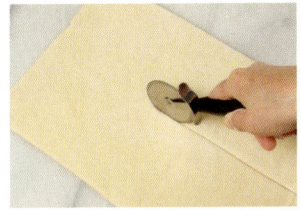

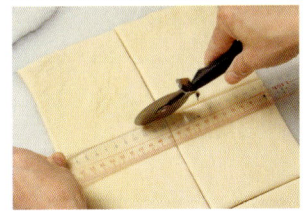

4 生地の手前1cmを空けてチョコレートを1本置き、生地でくるんで1回転させる。

5 巻き終わりに沿って、さらにチョコレートを1本置き、くるくると最後まで巻く。

6 巻き終わりを下にしてオーブンシートを敷いた天板に並べ、生地を上から軽く押さえる。

7 オーブンに入れて20~25分発酵させる。発酵設定はせず、オーブン内に入れるだけ！天板には、熱湯の入ったマグカップをのせること。

発酵 オーブン内 20~25分

8 210℃のオーブンで約20分焼く。

210℃ 20分

クロワッサンのアレンジ
クイニーアマン

3章 おやつパン

フランス生まれの伝統的な焼き菓子です。
バターがたっぷり折り込まれた生地に、
これでもかというほどのグラニュー糖を
まぶして焼き上げます。
成形が大変そうなイメージですが、
生地の四隅を折りたたんでセルクルに入れるだけ！

Total 190分 ← 焼き 25分 ← 二次発酵 20~25分 ← 成形 20分 ← 折り込み 60分 ← ガス抜き・ベンチタイム 25分 ← 一次発酵 30分 ← こね 10分

材料 [直径8.5cmのセルクル型10個分]

クロワッサン生地

- 強力粉 …………………… 150g
- 薄力粉 …………………… 150g
- 砂糖 ……………………… 30g
- 塩 ………………………… 4g
- ドライイースト ………… 9g
- バター …………………… 30g
- バター（折り込み用）…… 165g
- 牛乳（15℃）……………… 100g
- ぬるま湯（35℃）………… 100g

+

- グラニュー糖 …………… 150g

作り方

1 P23のクロワッサンの作り方❶〜⓯を参照して生地を作る。

2 三つ折りにした最後の折り山が右にくるように置き、めん棒で21×55cmにのばす。

3 生地を台に出して、パイカッターなどで四方を切り落としてきれいに形を整える。10cmの正方形が10枚できるように切り分ける。バットに並べて冷凍庫に入れて5分冷やす。

4 オーブンシートを敷いた天板にセルクルを置き、中にグラニュー糖をたっぷりふる。

5 生地の四隅を内側にたたみ、中心を指で押さえて生地と生地をくっつける。

6 生地をセルクルに入れて上から指で軽く押さえる。焼いたときに生地が開かないように、中心をしっかり押しておく。

7 残りのグラニュー糖を上からたっぷりかける。

8 オーブンに入れて20〜25分発酵させる。発酵設定はせず、オーブン内に入れるだけ！ 天板には、熱湯の入ったマグカップをのせること。生地が型の8分目までふくらめば発酵完了。

発酵 オーブン内 20~25分

9 210℃のオーブンで約25分焼く。

210℃ 25分

バターロールのアレンジ

あんぱん

あんぱんはニッポンが生んだおやつパンの代表。
冷めてもおいしくいただけますが、焼きたての手作りの味は最高です。
市販のあんこを買ってくれば、手間も時間もそんなにかかりません。
おやつに甘〜いひとときをいかがですか。

3章 おやつパン

| Total 155分 | 焼き 15分 | 二次発酵 20分 | 成形 15分 | ガス抜き・ベンチタイム 25分 | 一次発酵 50〜60分 | こね 30分 |

材料 [12個分]

バターロール生地

- 強力粉 …………………… 300g
- 砂糖 ……………………… 20g
- 塩 ………………………… 6g
- ドライイースト ………… 6g
- スキムミルク …………… 5g
- バター …………………… 20g
- 卵黄 ……………………… 1個分
- ぬるま湯(35〜38℃) … 185g

➕

- 小倉あん ………………… 420g
- けしの実 ………………… 適量

作り方

1 P29のバターロールの作り方❶〜⓭を参照してベンチタイムまで行う。⓫は12等分にする。

2 閉じ目を上にして台に置き、手のひらで生地を押さえて平らにする。中央が少し盛り上がるように、手のひらのつけ根で隅をしっかり押さえる。

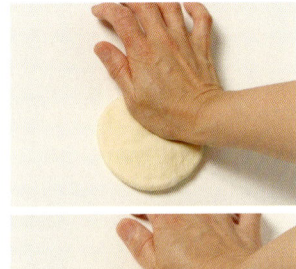

3 12等分にして丸めたあんを生地の上にのせる。生地の四隅を中心に合わせるように包み込み、ひだを寄せて閉じる。

4 上から手で軽く押さえて平たくする。

5 閉じ目を下にしてオーブンシートを敷いた天板に並べ、35〜38℃で約20分オーブン発酵させる。天板には、熱湯の入ったマグカップをのせること。

発酵 35〜38℃ 20分

6 生地表面にはけで牛乳(分量外)を塗り、けしの実をのせる。200℃のオーブンで約15分焼く。

200℃ 15分

プチパンのアレンジ

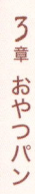

いちごと
あんこのプチパン

いちごをまるごとあんこで包んだら、
さらに生地で包み込み…大福みたいなパンです。
包むときは、なるべく生地を引っ張らないようにしましょう。
あんこは粒あんでもこしあんでもお好みで。
白あんもかなりいけます！

3章 おやつパン

| Total 155分 | 焼き 15分 | 二次発酵 20分 | 成形 15分 | ガス抜き・ベンチタイム 25分 | 一次発酵 50~60分 | こね 30分 |

作り方

1 P35のプチパンの作り方❶〜⓮を参照してベンチタイムまで行う。

2 閉じ目を上にして台に置き、手のひらで生地を押さえて平らにする。中央が少し盛り上がるように、手のひらのつけ根で隅をしっかり押さえる。

3 あんを10等分にして、ヘタをとったいちごをまるごと包み込む。

4 あんを生地の上にのせ、生地の四隅を中心に合わせるように包み込み、ひだを寄せて閉じる。

5 閉じ目を下にしてオーブンシートを敷いた天板に並べ、35℃で約20分オーブン発酵させる。天板には、熱湯の入ったマグカップをのせること。

発酵 35℃ 20分

6 生地表面に茶こしを使って強力粉(分量外)をふる。180℃のオーブンで約10分焼き、160℃に落としてさらに約5分焼く。

180℃・10分
160℃・5分

材料 [10個分]

プチパン生地

強力粉	380g
砂糖	6g
塩	5〜6g
ドライイースト	5g
バター	20g
ぬるま湯(35〜38℃)	250g

➕

いちご	10個
小倉あん	200g

バゲットのアレンジ

ブルーチーズと
プルーンのプチバゲット

ブルーチーズとプルーンを生地で包み込み、焼く直前に切り込みを入れて具材をのぞかせます。
めずらしい組み合わせですが、1度食べたらはまります。
とくにチーズ好きにはたまらない、ワインのおつまみにもなりそうなパンです。

3章 おやつパン

| Total 150分 | 焼き 20分 | 二次発酵 20〜30分 | 成形 15分 | ガス抜き・ベンチタイム 30分 | 一次発酵 50〜60分 | こね 15分 |

※生地作りの前にパン種を13時間寝かせます。

材料 [8個分]

バゲット生地

- フランスパン専用粉 … 150g
- 砂糖 … 3g
- 塩 … 6g
- ドライイースト … 3g
- モルトパウダー … 1.5g
- ぬるま湯（35℃）… 15g
- 水（20〜23℃）… 80g
- ＊パン種
- 強力粉 … 150g
- ドライイースト … 0.5g
- 水（25℃）… 90g

＋

- ブルーチーズ … 160g
- プルーン（種なし）… 8個
- はちみつ … 80g

作り方

1 P41のバゲットの作り方❶〜❽を参照して一次発酵まで行う。

2 生地の周りに手を入れて持ち上げるようにしてガスを抜く。カードで8等分に分ける。生地の角を中心に集めるようにして丸め①、手のひらで転がしながら形を整える②。

3 キャンバス地の中で約20分生地を休ませる。乾燥しないように、かたくしぼったぬれぶきんを上からかけておく。

4 閉じ目を上にして台に置き、手のひらで生地を押さえて平らにする。ブルーチーズ20gとプルーン1個をのせて、生地の四隅を中心に合わせるように包み込み、ひだを寄せて閉じる。

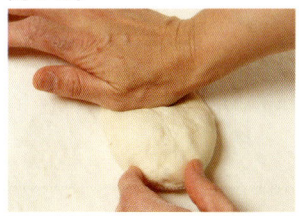

5 キャンバス地の中で20〜30分室温発酵させる。乾燥しないように、かたくしぼったぬれぶきんを上からかけておく。

発酵 室温 20〜30分

6 閉じ目を下にしてオーブンシートを敷いた天板に並べ、上から茶こしで強力粉（分量外）をふる。キッチンばさみで十字に切り込みを入れる。中の具が見えるくらいまで深くカットする。

7 300℃（または設定できる最高温度）に予熱したオーブンに生地を入れて扉を閉じる。210℃に設定しなおして約20分焼く。

210℃ 20分

8 焼き上がったら、切り込み部分にはちみつをたらす。

バゲットのアレンジ

ラスク

固くなったパンをおいしく食べるために考えられた二度焼き菓子パン"ラスク"。
スライスしたバゲットをカリカリに乾燥させてから、バターシュガーを塗って仕上げます。
バゲットをたくさん焼き上げたときは、ぜひ作ってみてください。

3章　おやつパン

| Total 40分 | 焼き 10～13分 | ← | 乾燥焼き 30分 | |

材料 [15個分]

バゲット ……………… 2本
バター ………………… 50g
グラニュー糖 ………… 50g

作り方

1. バゲットを5～7mmの厚さにスライスする。

2. オーブンシートを敷いた天板に並べ、120℃のオーブンで約30分乾燥させる。大きさや厚みによって時間が変わるので、様子を見ながらカリカリになるまで行う。

3. 電子レンジなどでバターを溶かし、グラニュー糖を加えて混ぜる。

4. 2のパン生地表面に、スプーンなどで3をたっぷり塗る。

5. 190℃のオーブンで10～13分焼く。

190℃ 10～13分

砂糖がこんがりキャラメル状になっているとカリッとしておいしいです。

パン・ド・カンパーニュのアレンジ

いちじくとくるみのカンパーニュ

3章 おやつパン

素朴な味わいのカンパーニュは、生地に練り込む具材使いも楽しみのひとつです。
とくに、ナッツ類やドライフルーツなど、食感が楽しめるものはよく合います。
冷めたら薄切りにしてこんがりトーストするとおいしさ倍増！

| Total 165分 | 焼き 30分 | 二次発酵 30分 | 成形 5分 | ガス抜き・ベンチタイム 25分 | 一次発酵 50~60分 | こね 25分 |

※生地作りの前にパン種を1時間寝かせます。

材料［2個分］

パン・ド・カンパーニュ生地
- 強力粉 …………………… 220g
- 砂糖 ……………………… 6g
- 塩 ………………………… 6～7g
- ドライイースト ………… 4g
- モルトパウダー ………… 1g
- バター …………………… 10g
- ぬるま湯(35～38℃) …… 100g

＊パン種
- ライ麦粉 ………………… 80g
- ドライイースト ………… 1g
- ぬるま湯(35～38℃) …… 100g

＋
- ドライ黒いちじく ……… 70g
- くるみ …………………… 70g

［下準備］
- くるみは160℃のオーブンで8分焼く。
- くるみ、いちじくはカットする。

作り方

1 P47のパン・ド・カンパーニュの作り方❶〜❼を参照して生地を作る。

2 いちじくとくるみを混ぜ込み、ひとまとめにする。

3 生地を丸く整えてバター（分量外）を塗ったボウルに入れ、ラップをかぶせる。30℃で50〜60分オーブン発酵させる。

発酵 30℃ 50〜60分

4 生地を台に出してカードで2等分に分け、手のひらで生地を押さえてガスを抜く。生地の上1/3を折り返し①、手のひらのつけ根でしっかり押さえる。下1/3も同じように折り返して押さえ②、これをさらに二つ折りにして、合わせ目を指でつまんで閉じる③。

5 キャンバス地の中で約20分生地を休ませる。乾燥しないように、かたくしぼったぬれぶきんを上からかけておく。

6 閉じ目を上にして台に置き、手のひらで生地を押さえてガスを抜く。4と同じように成形する。

7 閉じ目を下にしてオーブンシートを敷いた天板に並べ、30〜35℃で約30分オーブン発酵させる。天板には、熱湯の入ったマグカップをのせること。

発酵 30〜35℃ 30分

8 生地表面に茶こしを使って強力粉（分量外）をふる。クープを斜めに2本入れて、230℃のオーブンで約30分焼く。

230℃ 30分

パン・オ・レのアレンジ

ドーナツ

3章 おやつパン

生地の中央に丸い穴をあけて
サッと揚げればドーナツの完成です。
ふんわりおいしい素朴な味のドーナツに
グラスシトロンをトロリとかけました。
おやつやティータイムに
"すっぱ甘い！"おいしさをどうぞ。

| Total 135分 | 揚げ 10分 | 二次発酵 15~20分 | 成形 10分 | ガス抜き・ベンチタイム 20分 | 一次発酵 50~60分 | こね 30分 |

材料 [8個分]

パン・オ・レ生地

強力粉	250g
砂糖	30g
塩	4g
ドライイースト	3g
バター	40g
卵黄	1個分
牛乳	170g

＊グラスシトロン

粉糖	200g
レモン汁	45~50g
揚げ油	適量

作り方

1 P53のパン・オ・レの作り方❶~❿を参照して一次発酵まで行う。

2 生地の周りに手を入れて持ち上げるようにしてガスを抜く。

3 カードで8等分に分ける。生地の角を中心に集めるようにして丸め、手のひらで転がしながら形を整える。

4 キャンバス地の中で約15分生地を休ませる。乾燥しないように、かたくしぼったぬれぶきんを上からかけておく。

5 閉じ目を上にして台に置き、めん棒で直径8cmの円形にのばす（生地がベタつくときは打ち粉（強力粉）をする）。指で押して中央に穴をあけ、直径3cmくらいまで穴を広げる。

6 オーブンシートを敷いた天板に並べ、35℃で約15~20分オーブン発酵させる。

発酵 35℃ 15~20分

7 170℃の油で片面2分ずつ揚げる。

170℃ 4~5分

8 ボウルに粉糖を入れ、レモン汁を少しずつ加えながらスプーンでよく混ぜ、グラスシトロンを作る。ボウルの上に網を置き、ドーナツをのせてグラスシトロンをかける。

パン・オ・レのアレンジ

サバラン

サバランはフランスの有名な焼き菓子のひとつ。
丸く焼いたパン生地に紅茶味のシロップを染み込ませて、
さらにラム酒をふりかけていただきます。
小さな器に入れて生クリームでデコレーションすれば、
おしゃれなデザートの完成です。

3章 おやつパン

| Total 220分 | 乾燥・仕上げ 70分 | ← | 焼き 15~20分 | ← | 二次発酵 20分 | ← | 成形 10分 | ← | ガス抜き・ベンチタイム 25分 | ← | 一次発酵 50~60分 | ← | こね 30分 |

材料 [10個分]

パン・オ・レ生地

強力粉	250g
砂糖	30g
塩	4g
ドライイースト	3g
バター	40g
卵黄	1個分
牛乳	180g

＊紅茶シロップ

砂糖	250g
オレンジの皮（またはレモンの皮）	1/3個分
バニラビーンズ	1/2本
紅茶の葉（ティーバッグ1個でも可）	5g
水	500g
ラム酒	適量
生クリーム	適量

作り方

1 P53のパン・オ・レの作り方❶～❿を参照して一次発酵まで行う。

2 生地の周りに手を入れて持ち上げるようにしてガスを抜く①。カードで10等分に分ける。生地の角を中心に集めるようにして丸め、手のひらで転がしながら形を整える②。

3 キャンバス地の中で約15分生地を休ませる。乾燥しないように、かたくしぼったぬれぶきんを上からかけておく。

4 2と同じように手のひらで転がしながら形を整え、合わせ目を指でつまんでしっかり閉じる。

5 閉じ目を下にしてオーブンシートを敷いた天板に並べ、35～38℃で約20分オーブン発酵させる。

発酵 35~38℃ 20分

6 ふくらんだ球状の生地を190℃のオーブンで15～20分焼く。焼き上がったら網などにのせて冷まし、ラップはせずに1時間以上乾燥させる。

190℃ 15~20分

7 鍋に紅茶シロップの材料すべてを入れて沸騰させる。60℃に冷ましてパンを鍋に入れ、シロップをしみ込ませる。

8 生地の中心までしっかりシロップがしみ込んだら、好みでラム酒をかける。表面が冷めてから8分立ての生クリームをしぼり、飾りでバニラをのせる。

パン・オ・レのアレンジ

クグロフ

王妃マリー・アントワネットも好きだったと言われるクグロフは、
フランス・アルザス地方の伝統菓子です。
作業時間が長く温度管理も少し難しいですが、
その分焼きたてのおいしさは格別！
ぜひ挑戦してみてください。

3章 おやつパン

Total 205分 ← 焼き 30~35分 ← 二次発酵 30~40分 ← 成形 5分 ← ガス抜き・ベンチタイム 65分 ← 一次発酵 50~60分 ← こね 25分

材料 [18cmのクグロフ型1台分]

クグロフ用 パン・オ・レ生地

強力粉	250g
砂糖	30g
塩	4g
ドライイースト	4g
バター	50g
卵黄	1個分
牛乳	170g

➕

レーズン	50g
オレンジピール	30g
粉糖	適量

作り方

1 P53のパン・オ・レの作り方❶~❽を参照して生地を作る。❶で卵黄と牛乳を合わせたものは30~33℃に、❼で台にたたく時間は5分にする。

2 レーズンとオレンジピールを混ぜ込み、生地を丸く整えてバター（分量外）を塗ったボウルに入れる。ラップをかぶせて25℃で50~60分オーブン発酵させる（室温でもよい）。

発酵 25℃ 50~60分

3 生地を台に出して、手のひらで生地を押さえてガスを抜く①。端を中心に合わせるようにひだを寄せて丸め②・③、合わせ目を指でつまんで閉じる。バター（分量外）を塗ったボウルに入れ、ラップをして冷蔵庫で60分ほど休ませる。

4 閉じ目を上にして台に置き、3と同じように生地を丸めて合わせ目をしっかり閉じる。指で中央に穴をあけ、ドーナツ状にする。

5 バター（分量外）を塗ったクグロフ型に、閉じ目が上になるように入れる。上からしっかり押さえて空気が入らないようにする。

6 25~28℃（または室温）で30~40分オーブン発酵させる。生地が型の9分目までふくらめば発酵完了。

発酵 25~28℃ 30~40分

7 200℃のオーブンで30~35分焼く。焼き上がったらすぐに型から出して冷ます。あら熱がとれたら生地表面に粉糖をふる。

200℃ 30~35分

バターを入れたら、生地の温度は24℃以下に保ってください。生地が温かくなってきたらボウルに入れて、氷水をあてて冷やしましょう。

パン・オ・レのアレンジ

シュトーレン

ドイツ伝統の甘いハードパンで、表面には白い粉糖、
中にはアーモンドやラム酒漬けのドライフルーツが入っています。
本来はクリスマスのパンですが、最近ではシーズンを問わず食べられるように。
粉糖をたっぷりまぶせば、常温で1週間くらい保存できます。

3章 おやつパン

Total	焼き	二次発酵	成形	ガス抜き・ベンチタイム	一次発酵	こね
170分	25~30分	20分	10分	35分	50~60分	30分

材料 [2個分]

シュトーレン用パン・オ・レ生地

強力粉	250g
砂糖	30g
塩	4g
ドライイースト	3g
バター	60g
卵黄	1個分
牛乳	180g

＋

スパイス（シナモン、ナツメグ、アニスなど）	5g
ドライフルーツ（ラム酒漬け）	160g
アーモンドスライス	30g
溶かしバター	50g
グラニュー糖	30g
粉糖	40~50g

作り方

1 P53のパン・オ・レの作り方❶～❽を参照して生地を作る。❷で材料を合わせるときは、スパイスも入れる。

2 ドライフルーツとアーモンドスライスを加えてやさしく混ぜ込み、生地を丸く整えてバター（分量外）を塗ったボウルに入れる。ラップをかぶせて25~28℃で50~60分オーブン発酵させる。

発酵 25~28℃ 50~60分

3 生地を台に出して、カードで2等分に分ける。手のひらで生地を押さえてガスを抜き、端を中心に合わせるようにひだを寄せて丸め、合わせ目を指でつまんで閉じる。キャンバス地の中で約30分生地を休ませる。かたくしぼったぬれぶきんを上からかけておく。

4 閉じ目を上にして台に置き、めん棒で16×22cmの楕円形にのばす。

5 生地の上5cmくらいを折り返す。下も同様にして上の折り山まで折り返し、手のひらのつけ根でしっかり押さえる。

6 合わせ目を上にしてオーブンシートを敷いた天板に並べ、30℃で約20分オーブン発酵させる。天板には、熱湯の入ったマグカップをのせること。

発酵 30℃ 20分

7 200℃のオーブンで25~30分焼く。焼き上がったら、すぐに溶かしバターを全面にたっぷりと塗り、グラニュー糖を全面にふりかける。

200℃ 25~30分

8 冷めたら、粉糖を全面にたっぷりかける。

パン・オ・レのアレンジ

キャラメルロール

3章 おやつパン

生地にキャラメルを塗ってクルクル巻き、
パウンド型に入れて焼きます。
見ためは食パンのようですが、
カットすると断面はキャラメルのうず巻き模様!
そんなに甘くないので、
朝食やブランチなどにもおすすめです。

Total 170分 ← 焼き 25分 ← 二次発酵 20〜25分 ← 成形 10分 ← ガス抜き・ベンチタイム 20分 ← 一次発酵 50〜60分 ← こね 30分 ← キャラメル作り 15分

作り方

1 P53のパン・オ・レの作り方❶〜❿を参照して一次発酵まで行う。

2 生地を台に出して、カードで2等分に分ける。手のひらで生地を押さえてガスを抜き、端を中心に合わせるようにひだを寄せて丸め、合わせ目を指でつまんで閉じる。

3 キャンバス地の中で約15分生地を休ませる。乾燥しないように、かたくしぼったぬれぶきんを上からかけておく。

4 閉じ目を上にして台に置き、めん棒で15×20cmの長方形にのばす。キャラメル50gを生地全面に塗る。

5 手前から少しひっぱりながらしっかり巻き、巻き終わりを指でつまんで閉じる。

6 バター（分量外）を塗ったパウンド型に閉じ目を下にして入れ、上から軽く押さえる。

7 かたくしぼったぬれぶきんをかけて、35℃で20〜25分オーブン発酵させる。生地が型から2cmくらいとび出てくれば発酵完了。

発酵 35℃ 20〜25分

8 クープを斜めに1本入れて200℃のオーブンで約15分焼き、190℃に落としてさらに約10分焼く。

200℃・15分
190℃・10分

材料 [18cmのパウンド型2台分]

キャラメルロール用パン・オ・レ生地

強力粉	375g
砂糖	40g
塩	6g
ドライイースト	7g
バター	30g
卵黄	2個分
牛乳	240g

＊キャラメル（約200g分）

生クリーム	100g
水あめ	10g
砂糖	115g
バター	35g

※残ったキャラメルは、冷蔵庫で2〜3週間保存できます。

[キャラメルを作る]

❶鍋に生クリームと水あめを入れて火にかけ、沸騰させる。
❷別の鍋に砂糖を入れて火にかけ、木ベラで混ぜながら溶かす。
❸焦げ色がついて泡がブクブクしてきたら①とバターを加えて混ぜる。完全に冷めてから使うこと。

変わり種パンに挑戦！
天然酵母と米粉のパン

アンケートでも「作ってみたい！」の声が多かった
「天然酵母のパン」と「米粉のパン」。
作り方はほとんど他のパンと変わりませんが、
水分量の調節や発酵の具合が難しく、
ちょっぴり上級者向けのパンです。
天然酵母のパンは、
数日かけて酵母種を作るので、
楽しくのんびり行うのがいいですね。

4章

天然酵母のパン

4章 天然酵母と米粉のパン

ここでは、はじめての人でも無理なく作れるように、市販のイーストをプラスしています。本来ならイーストは使いませんが、発酵の手助けをしてくれるので、確実においしいパンを作りたい人にはおすすめです。味は変わらないので、初めのうちはイーストを入れて作るといいかもしれません。

どうやって作るの？

酵母は、レーズンやりんごなど、身近な果物、野菜、穀物などから起こせます。ただし、最低でも5日間くらいはかかりますので、根気よく作ることが大切です。できた酵母種は、毎日の種つなぎ（粉と水を加えること）でずっと生き続けます。最初のうちは若い甘みのある味がしますが、時間がたつうちに、深みのある豊かな味わいになります。もっと手軽に天然酵母を楽しみたい人は、市販の天然酵母種も販売されています。

天然酵母とは？

パンがふくらむのは酵母（イースト）のおかげです。市販のイーストは、果実や穀類などからパンの発酵に適した1種類の菌を使って培養しています。そのため、安定した発酵力があり、いつでも同じ状態のパンを焼き上げることができます。一方、天然酵母は、果実などに付着したさまざまな菌を自然に発酵させたもの。当然、乳酸菌や酢酸菌なども含まれており、天然酵母のパンが酸っぱく感じるのはそのためです。複数の菌が作り出す深い味わいは天然酵母ならでは。毎回違うパンが楽しめるのも面白いところです。

まず、自家製天然酵母を作ってみよう！

レーズンを使って天然酵母を作ります。最初に酵母を起こして酵母液を作り、そこに粉を足して酵母種にします。
5日間で作れるシンプルなレシピなので、ぜひ挑戦してみてください。

STEP1

酵母液を作る（約4日間）

材料

レーズン
（有機栽培でオイルコーティングしていないもの）
……………………… 100g
水 ……………………… 200g
はちみつ ………………… 1g

準備

密封できるガラス瓶に熱湯をかけて消毒し、乾かしておく。

作り方

[1日目]

瓶にレーズン、水、はちみつを入れ、ラップをかぶせる。竹串などでラップに穴を開けて、そのまま置く。

[2日目]

ラップを取り、ふたをして密封する。日光の当たらない暖かい場所に置く（25℃くらいの温度が最適）。

[3日目]

レーズンから細かい泡が出てくる。軽く瓶をふって、ふたを開けてガスを抜く。

[4日目]

レーズンが浮き上がり、アルコールの香りがしてきたら完成。冬場は寒いので、もう少しかかることも。その場合は、毎日ふたを開けてガスを抜く。

ざるなどでこして酵母液を取り出す。レーズンも手でしっかりしぼること。

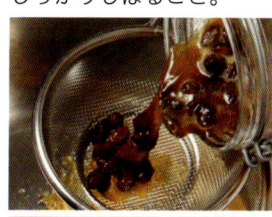

STEP2

酵母種を作る（約1日）

材料

強力粉 ………………… 125g
酵母液 ………………… 75g
はちみつ ………………… 1g

作り方

1. ボウルに強力粉、酵母液、はちみつを入れる。

2. 手でよく混ぜて、なめらかになったら瓶に入れる。

3. 密封して室温で10時間以上置く。

保存

冷蔵庫の野菜室で2、3日間

天然酵母パン ❶

パン・オ・ルヴァン

ルヴァンとはフランス語で天然酵母のこと。
ここでは、天然酵母の風味を生かした素朴なハードパンを焼き上げました。
天然酵母のうまみはそのままに、発酵の補助としてイーストを少し入れています。
最初はイーストを入れて作ってみて、
慣れてきたら、イーストなしの100％天然酵母パンに挑戦してみましょう。

4章　天然酵母と米粉のパン

| Total 165分 | 焼き 25分 | 二次発酵 30〜40分 | 成形 5分 | ガス抜き・ベンチタイム 25分 | 一次発酵 60〜70分 | こね 20分 |

[道具]

- ボウル
- カード
- キャンバス地
- オーブンシート
- 茶こし
- クープナイフ（かみそり）
- はかり
- タイマー
- 温度計

材料 [2個分]

- フランスパン専用粉 ……… 75g
- ライ麦粉 ……………………… 50g
- 砂糖 …………………………… 5g
- 塩 ……………………………… 6g
- （ドライイースト ………… 1g）
- モルトパウダー …………… 1g
- 天然酵母種 ………………… 200g
- ぬるま湯 (35℃) …………… 95g

作り方はP133参照

作り方

こねる

1 材料を合わせる

ボウルにフランスパン専用粉、ライ麦粉、砂糖、塩、ドライイースト、モルトパウダーを入れ、天然酵母種を小さくちぎって入れる。

2 ぬるま湯を入れる

中心にくぼみを作り、そこへぬるま湯を入れる。湯は少し残しておき、後で水分量を調整するとよい。

3 混ぜ合わせる

手でこねるようにして混ぜ、粉っぽさがなくなったらひとまとめにする。生地がかたいようなら残りのぬるま湯を入れる。このとき、生地はベタつくくらいでOK。

4 台に出してたたく

生地を片手で持ち、台にたたきつけるようにしてのばし、丸くまとめる。これを約15分繰り返し、生地に弾力が出てきたら発酵に移る。

パン・オ・ルヴァン

一次発酵

5 ボウルに入れて発酵させる

発酵
35℃
イーストあり・60~70分
イーストなし・100~120分

生地を丸く整えてバター（分量外）を塗ったボウルに入れ、ラップをかぶせる。35℃で60~70分オーブン発酵させる。

6 フィンガーテスト

指に強力粉をつけて生地に指し込み、発酵状態を確認する。穴がふさがってしまう場合は発酵不足なので、もう少し発酵させる。

ガス抜き

7 生地のガスを抜く

生地の周りに手を入れてガスを抜く。生地を手で持ち上げるようにすると自然にしぼんでガスが抜ける。

8 分割して平らにする

はかりで計量しながらカードで2等分に分け、手のひらで生地を押さえてガスを抜く。

9 楕円形に丸める

生地の上1/3を折り返し、手のひらのつけ根でしっかり押さえる。下1/3も同じように折り返して押さえる。これをさらに二つ折りにして、合わせ目を指でつまんでしっかり閉じる。

ここが POINT

生地を折り返したときは、手のひらのつけ根でグッと押さえましょう。こうすることでしっかりガスが抜けるので、成形もしやすくなります。

136

ベンチタイム

10 生地を休ませる

キャンバス地の中で約20分生地を休ませる。乾燥しないように、キャンバス地の上にかたくしぼったぬれぶきんをかける（キャンバス地がなければバットに並べてぬれぶきんをかぶせてもよい）。

成形

11 生地を平らにする

閉じ目を上にして台に置き、手のひらで生地を押さえてガスを抜く。

12 再び楕円形にする

❾と同じように生地を丸めて楕円形にし、合わせ目を指でつまんでしっかり閉じる。

二次発酵

13 再発酵させる

発酵
35℃
イーストあり・30~40分
イーストなし・60~70分

閉じ目を下にしてオーブンシートを敷いた天板に並べ、35℃で30～40分オーブン発酵させる。天板には、熱湯の入ったマグカップをのせること（P38参照）。生地が1.5倍の大きさになれば発酵完了。

焼く

14 クープを入れて焼く

230℃
25分

生地表面に茶こしを使って強力粉（分量外）をふる。クープを斜めに2本入れて、230℃のオーブンで約25分焼く。

天然酵母パン ❷

4章 天然酵母と米粉のパン

クランベリーと
チョコチップのプチパン

こんがりとおいしそうな焼き色がついたハードタイプのパンです。
天然酵母の独特な味わいに、
クランベリーとチョコチップのほのかな甘みがうまくマッチしています。
かわいらしくラッピングしてプレゼントにしても喜ばれそう。

| Total 175分 | 焼き 25分 | 二次発酵 30～40分 | 成形 10分 | ガス抜き・ベンチタイム 30分 | 一次発酵 60～70分 | こね 20分 |

材料 [10個分]

- フランスパン専用粉 …… 75g
- ライ麦粉 ……………… 50g
- 砂糖 ………………… 5g
- 塩 …………………… 6g
- (ドライイースト ……… 1g)
- モルトパウダー ………… 1g
- 天然酵母種(P133参照) …… 200g
- ぬるま湯(35℃) ………… 95g
- ドライクランベリー …… 60g
- チョコチップ ………… 60g

作り方

1 P135のパン・オ・ルヴァンの作り方❶〜❹を参照して生地を作る。クランベリーとチョコチップを混ぜ込み、ひとまとめにする。

2 生地を丸く整えてバター（分量外）を塗ったボウルに入れ、ラップをかぶせる。35℃で60〜70分オーブン発酵させる。

発酵 35℃
イーストあり・60〜70分
イーストなし・100〜120分

3 生地の周りに手を入れて持ち上げるようにしてガスを抜く。カードで10等分に分ける。生地の角を中心に集めるようにして丸め、手のひらで転がしながら形を整える（P37のプチパンの作り方❿〜⓭を参照）。

4 キャンバス地の中で約20分生地を休ませる。乾燥しないように、かたくしぼったぬれぶきんを上からかけておく。

5 生地を手でつかむようにして持ち、手のひらで転がしながら形を整え、合わせ目を指でつまんで閉じる。

6 閉じ目を下にしてオーブンシートを敷いた天板に並べ、35℃で30〜40分オーブン発酵させる。天板には、熱湯の入ったマグカップをのせること。生地が1.5〜2倍の大きさになれば発酵完了。

発酵 35℃
イーストあり・30〜40分
イーストなし・50〜60分

7 生地表面に茶こしを使って強力粉（分量外）をふる。クープを十字に入れて、230℃のオーブンで約25分焼く。

230℃ 25分

米粉のパン

米粉とは、その名の通り米を粉状にしたものです。うるち米（白米）やもち米などの粉があり、パン用の米粉としても販売されています。本書では国産のうるち米100%を使っていますが、もっちりと弾力のあるパンが好きな人はもち米タイプもおすすめです。

米粉にはグルテンが含まれていないため、ふっくらやわらかなパンを焼き上げるのは、簡単ではありません。最初は米粉100%にせず、少し強力粉を混ぜて作るといいでしょう。ここで紹介するレシピも、米粉と強力粉をブレンドしています。

4章 天然酵母と米粉のパン

米粉パン❶
米粉の食パン

米粉で作るパンは、
なんといってもモチモチ感が特徴。
生地のおいしさをたっぷり味わうには、
大きく焼き上げる
食パン型がおすすめです。
米の粉だけに和風おかずと相性抜群！

140

| Total 210分 | 焼き 30〜35分 | ← | 二次発酵 60分 | ← | 成形 5分 | ← | ガス抜き・ベンチタイム 30分 | ← | 一次発酵 60分 | ← | こね 25分 |

[下準備]

型にバター（分量外）を塗る

バターは室温に戻す

[道具]

- 食パン型(1.5斤用)
- はけ
- ボウル
- カード
- キャンバス地
- 茶こし
- はかり
- タイマー
- 温度計

材料 [食パン型1.5斤分]

強力粉	200g
パン用米粉	175g
砂糖	18g
塩	8g
ドライイースト	7g
スキムミルク	10g
バター	10g
ぬるま湯 (30〜35℃)	240g

作り方

こねる

1 材料を合わせる

ボウルに強力粉、米粉、砂糖、塩、ドライイースト、スキムミルクを入れて、手でよく混ぜる。

2 ぬるま湯を入れる

中心にくぼみを作り、そこへぬるま湯を入れる。湯は少し残しておき、後で水分量を調整するとよい。

3 混ぜ合わせる

手でこねるようにして混ぜ、粉っぽさがなくなったらひとまとめにする。生地がかたいようなら残りのぬるま湯を入れる。このとき、生地はベタつくくらいでOK。

4 台に出してたたく

生地を片手で持ち、台にたたきつけるようにしてのばし、丸くまとめる。これを約15分繰り返し行う。

米粉の食パン

5 バターを混ぜ込む

カードで生地を3分割にしてそれぞれに小さくちぎったバターをのせ、練り込ませる。ある程度混ざったら生地をひとつにまとめて混ぜ込む。

6 さらに台の上でたたく

❹と同じように約5分たたく。生地の表面が細かくなめらかになり、生地を薄くのばしてみて、透けるような膜が張っていたら発酵に移る。

一次発酵

7 ボウルに入れて発酵させる

発酵 30℃ 60分

生地を丸く整えてバター（分量外）を塗ったボウルに入れ、ラップをかぶせる。30℃で約60分オーブン発酵させる。

ガス抜き

8 生地のガスを抜く

生地に強力粉をつけた指を差し込んで抜き、穴がふさがらないようなら（発酵状態の確認）、生地の周りに手を入れて持ち上げるようにしてガスを抜く。

9 分割して平らにする

はかりで計量しながらカードで3等分に分け、手のひらで生地を押さえてガスを抜く。

10 楕円形に丸める

生地を折りたたむようにして端と端を丸め込み、楕円形に丸める。合わせ目を指でつまんで閉じる。

ベンチタイム

11 生地を休ませる

キャンバス地の中で約20分生地を休ませる。乾燥しないように、キャンバス地の上にかたくしぼったぬれぶきんをかける（キャンバス地がなければバットに並べてぬれぶきんをかぶせてもよい）。

成形

12 再び楕円形にする

閉じ目を上にして台に置き、手のひらで生地を押さえてガスを抜く。⑩と同じように生地を丸めて楕円形にし、合わせ目を指でつまんでしっかり閉じる。

13 生地を型に入れる

バターを塗った食パン型に、閉じ目を下にして入れる。型の隅に入れるように両端から置き、真ん中を最後に入れて上から軽く押さえる。

二次発酵

14 再発酵させる

発酵
35℃
60分

かたくしぼったぬれぶきんをかけて35℃で約60分オーブン発酵させる。生地が型の8分目まで上がってきたら発酵完了。

焼く

15 粉をふって焼く

210℃・20分
200℃・10〜15分

生地表面に茶こしを使って米粉（分量外）をふる。210℃のオーブンで約20分焼き、200℃に落としてさらに10〜15分焼く。焼き上がったらすぐに型から出して冷ます。

米粉パン ❷

黒ごまパン

香り高く、味わいのあるパンです。
ごまは健康にも美容にもいいので、
毎朝食べればうれしい効果があるかも！

4章 天然酵母と米粉のパン

こね 25分 → 一次発酵 60分 → ガス抜き・ベンチタイム 25分
Total 175分 ← 焼き 30〜35分 ← 二次発酵 30〜40分 ← 成形 5分

材料 ［2個分］

強力粉	200g
パン用米粉	175g
砂糖	18g
塩	8g
ドライイースト	7g
スキムミルク	10g
バター	10g
ぬるま湯（30〜35℃）	240g
黒ごま（すりごま）	40g

作り方

1 P141の米粉の食パンの作り方❶〜❻を参照して生地を作る。黒ごまを混ぜ込み、ひとまとめにする。

2 生地を丸く整えてバター（分量外）を塗ったボウルに入れ、ラップをかぶせる。30℃で約60分オーブン発酵させる。

発酵 30℃ 60分

3 生地を台に出してカードで2等分に分け、手のひらで生地を押さえてガスを抜く。

4 生地の上1/3を折り返し、手のひらのつけ根でしっかり押さえる。下1/3も同じように折り返して押さえる。これをさらに二つ折りにして、合わせ目を指でつまんでしっかり閉じる。

5 キャンバス地の中で約20分生地を休ませる。乾燥しないように、かたくしぼったぬれぶきんを上からかけておく。

6 閉じ目を上にして台に置き、手のひらで生地を押さえてガスを抜く。4と同じように成形し、閉じ目を下にしてオーブンシートを敷いた天板に並べる。35℃で30〜40分オーブン発酵させる。天板には、熱湯の入ったマグカップをのせること。生地が1.5倍の大きさになれば発酵完了。

発酵 35℃ 30〜40分

7 生地表面に茶こしを使って強力粉（分量外）をふる。クープを斜めに3本入れて、210℃のオーブンで約20分焼き、200℃に落としてさらに10〜15分焼く。

210℃・20分
200℃・10〜15分

144

米粉パン ③

豆のプチパン

贅沢にも、甘納豆をゴロゴロ詰め込みました。豆の甘みがいいアクセントになっています。お茶請けにどうぞ。

Total 180分 ← 焼き 20分 ← 二次発酵 30分 ← 成形 10分 ← ガス抜き・ベンチタイム 30分 ← 一次発酵 60分 ← こね 30分

材料 [10個分]

- 強力粉 …………………… 200g
- パン用米粉 ……………… 175g
- 砂糖 ……………………… 18g
- 塩 ………………………… 8g
- ドライイースト ………… 7g
- スキムミルク …………… 10g
- バター …………………… 20g
- ぬるま湯（30〜35℃）… 240g
- 甘納豆（ミックス）…… 110g

作り方

1 P141の米粉の食パンの作り方 ❶〜❻ を参照して生地を作る。

2 甘納豆を混ぜ込み、ひとまとめにする。

3 生地を丸く整えてバター（分量外）を塗ったボウルに入れ、ラップをかぶせる。30℃で約60分オーブン発酵させる。

発酵 30℃ 60分

4 生地の周りに手を入れて持ち上げるようにしてガスを抜く。カードで10等分に分ける。生地の角を中心に集めるようにして丸め、手のひらで転がしながら形を整える（P37のプチパンの作り方 ❿〜⓭ を参照）。

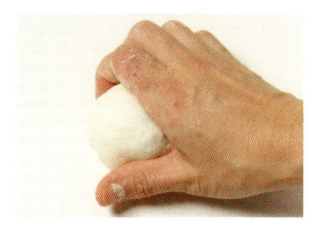

5 キャンバス地の中で約20分生地を休ませる。乾燥しないように、かたくしぼったぬれぶきんを上からかけておく。

6 ❹と同じように手のひらで転がしながら形を整え、合わせ目を指でつまんで閉じる。

7 閉じ目を下にしてオーブンシートを敷いた天板に並べ、35℃で約30分オーブン発酵させる。天板には、熱湯の入ったマグカップをのせること。生地が1.5倍の大きさになれば発酵完了。

発酵 35℃ 30分

8 生地表面に茶こしを使って強力粉（分量外）をふる。クープを1本入れて、210℃のオーブンで約20分焼く。

210℃・20分

発酵なしの超お手軽パン
クイックパン

イーストを使わずにベーキングパウダーで生地をふくらませます。
発酵が必要ないので失敗がほとんどなく、
なにより短時間で手軽にできるのが魅力。
型もの、大きいもの、小さいもの……など、
いろいろなタイプを揃えました。
さらに、朝食、ランチ、ティータイムなど、
使えるシーンもさまざまです。

5章

5章 クイックパン

蒸しパン

ふわふわとした食感と昔ながらの素朴な味がたまらない蒸しパン。
作り方はとても簡単で、材料を混ぜ合わせて型に流し込むだけです。
型は、マフィン用の紙カップを使いましたが、
アルミカップでも陶器製のココットでもOK！
具材を変えていろいろな味が楽しめるのも魅力です。

飽きのこないシンプルな味　蒸しパン❶ バニラ

Total 20分 / 蒸し 10～15分 / 混ぜる 10分

材料 [直径7cmのマフィン型6個分]

- 薄力粉 …………… 100g
- ベーキングパウダー …………………… 2g
- 砂糖 …………… 105g
- 全卵 …………… 100g
- 生クリーム ……… 25g
- サラダ油 ………… 55g
- バニラビーンズ … ½本

[下準備]

- 卵は室温に戻す。
- マフィン型に紙カップをセットする。

作り方

1 バニラビーンズは縦に切り、中の種を包丁でこそぎ取る。

2 ボウルに薄力粉、ベーキングパウダー、砂糖をふるって入れる。

3 卵を少しずつ加えながら混ぜる。

4 軽く混ざったらバニラビーンズを入れて混ぜる。

5 生クリームとサラダ油を一緒にして4に入れ、よく混ぜる。

6 マフィンカップの8分目まで生地を入れて蒸気の上がった蒸し器で10～15分蒸す。

> 蒸し終わらないうちにふたを開けると生地がしぼんでしまいます。10分間はふたを開けないこと!

ちょっと大人なほろ苦テイスト
蒸しパン❷ カフェオレ

Total 20分 | 蒸し 10~15分 | 混ぜる 10分

5章 クイックパン

作り方

1 ボウルに薄力粉、ベーキングパウダー、砂糖をふるって入れ、卵を少しずつ加えながら混ぜる。

2 軽く混ざったら、温めた牛乳にインスタントコーヒーを溶かしてカフェオレを作る。

3 2のカフェオレとサラダ油を一緒にして1に入れ、よく混ぜる。

4 マフィンカップの8分目まで生地を入れて蒸気の上がった蒸し器で10~15分蒸す。

[下準備]
- 卵は室温に戻す。
- マフィン型に紙カップをセットする。

材料 [直径7cmのマフィン型6個分]

薄力粉	100g
ベーキングパウダー	2g
砂糖	105g
全卵	100g
牛乳	30g
インスタントコーヒー	5g
サラダ油	55g

やさしい甘みがホッとする

蒸しパン❸ 抹茶あずき

Total 20分 / 蒸し 10〜15分 / 混ぜる 10分

作り方

1. ボウルに薄力粉、ベーキングパウダー、砂糖、抹茶をふるって入れ、卵を少しずつ加えながら混ぜる。

2. 軽く混ざったら、牛乳とサラダ油を一緒にして1に入れ、よく混ぜる。

3. マフィンカップの8分目まで生地を入れて甘納豆をのせ、蒸気の上がった蒸し器で10〜15分蒸す。

[下準備]
- 卵は室温に戻す。
- マフィン型に紙カップをセットする。

材料 [直径7cmのマフィン型6個分]

薄力粉　　　　　　　　90g
ベーキングパウダー　　2g
砂糖　　　　　　　　　105g
抹茶　　　　　　　　　8g
全卵　　　　　　　　　100g
牛乳　　　　　　　　　35g
サラダ油　　　　　　　55g
甘納豆　　　　　　　　40g

マフィン

アメリカ生まれの小型パンで、朝の食卓によく並びます。
作り方は、材料を混ぜ合わせて型に流し込み、オーブンで15〜20分焼くだけ。
とてもシンプルなので、朝から作りはじめても、
すぐに焼き立てのマフィンが食べられます。
アレンジ自在なので、その日の気分にあわせて自分流のマフィンを作ってみては。

5章 クイックパン

これが基本！生地のおいしさを味わう マフィン❶ プレーン

Total 25分 / 焼き 15〜20分 / 混ぜる 10分

材料［直径7cmのマフィン型6個分］

薄力粉	140g
ベーキングパウダー	6g
砂糖	140g
バター	100g
全卵	60g
牛乳	60g

［下準備］
- バターは電子レンジなどで溶かす。
- 卵は室温に戻す。
- マフィン型に紙カップをセットする。
- オーブンを210℃に予熱する。

作り方

1 ボウルに薄力粉、ベーキングパウダー、砂糖をふるって入れる。

2 溶かしバター、卵、牛乳を加えて泡立て器でゆっくりていねいに混ぜる。

3 マフィンカップの8分目まで生地を入れて210℃のオーブンで15〜20分焼く。

210℃ 15〜20分

そのままでもおいしいですが、上に生クリームをしぼったり、フルーツをのせたり、ジャムを塗ったり…デコレーションをすると、さらにおいしさが広がります。

おやつにも軽食にもなる！
マフィン❷ チーズ

Total 25分　焼き 15～20分　混ぜる 10分

5章 クイックパン

作り方

1. ボウルに薄力粉、ベーキングパウダー、砂糖、塩をふるって入れ、溶かしバター、卵、牛乳を加えて泡立て器でゆっくりていねいに混ぜる。

2. ゴーダチーズを入れて、ゴムベラで軽く混ぜる。

3. マフィンカップの8分目まで生地を入れてトッピングにパルミジャーノをたっぷりのせ、210℃のオーブンで15～20分焼く。

210℃ 15～20分

[下準備]

- バターは電子レンジなどで溶かす。
- 卵は室温に戻す。
- マフィン型に紙カップをセットする。
- オーブンを210℃に予熱する。

材料［直径7cmのマフィン型6個分］

薄力粉	170g
ベーキングパウダー	4g
砂糖	60g
塩	1g
バター	100g
全卵	100g
牛乳	20g
ゴーダチーズまたはチェダーチーズ（なければピザ用チーズ）	70g
パルミジャーノ	適量

マフィン❸ ブルーベリー

甘酸っぱいさわやかな味

Total 25分 / 焼き 15〜20分 / 混ぜる 10分

作り方

1. ボウルに薄力粉、ベーキングパウダー、砂糖をふるって入れ、溶かしバター、卵、牛乳を加えて泡立て器でゆっくりていねいに混ぜる。

2. ブルーベリーの約半量を入れて、ゴムベラで軽く混ぜる。

3. マフィンカップの8分目まで生地を入れてトッピングに残りのブルーベリーをのせ、210℃のオーブンで15〜20分焼く。

210℃ 15〜20分

[下準備]

- バターは電子レンジなどで溶かす。
- 卵は室温に戻す。
- マフィン型に紙カップをセットする。
- オーブンを210℃に予熱する。

材料 [直径7cmのマフィン型6個分]

薄力粉	140g
ベーキングパウダー	6g
砂糖	140g
バター	100g
全卵	60g
牛乳	60g
ブルーベリー(生か冷凍)	50粒くらい

本場アメリカンテイスト！
マフィン ④ カントリーチョコレート

Total 30分 ／ 焼き 20～25分 ／ 混ぜる 10分

5章 クイックパン

作り方

1 ボウルに薄力粉、ベーキングパウダー、砂糖、ココアをふるって入れ、卵、牛乳、サラダ油、はちみつを加えて泡立て器でゆっくりていねいに混ぜる。

2 チョコチップとくるみを加えて軽く混ぜる。

3 マフィンカップの8分目まで生地を入れて190℃のオーブンで20～25分焼く。

190℃ 20～25分

[下準備]

- 卵は室温に戻す。
- くるみは150℃のオーブンで7～8分焼き、あらめにくだく。
- マフィン型に紙カップをセットする。
- オーブンを190℃に予熱する。

材料 [直径7cmのマフィン型6個分]

薄力粉	120g
ベーキングパウダー	6g
砂糖	100g
ココアパウダー	20g
全卵	60g
牛乳	60g
サラダ油	100g
はちみつ	40g
チョコチップ	30g
くるみ	30g

香ばしいバナナがコク深い
マフィン❺ キャラメルバナナ

Total 35分 / 焼き 15〜20分 / 混ぜる 10分 / キャラメル作り10分

作り方

1 キャラメルを作る。フライパンにグラニュー糖を入れて熱し、木ベラなどでゆっくりかき混ぜながら煮つめる。焦げ色がついたら、生クリームを加えて混ぜ合わせる。

2 1cm幅に切ったバナナを入れて軽くつぶれるまでソテーする。

3 ボウルに薄力粉、ベーキングパウダー、砂糖をふるって入れ、溶かしバター、卵、牛乳を加えて泡立て器でゆっくりていねいに混ぜる。

4 2の半量を加えて木ベラで軽く混ぜ、マフィンカップの8分目まで生地を入れる。トッピングに残りのバナナをのせ、210℃のオーブンで15〜20分焼く。

210℃ 15〜20分

[下準備]
- バターは電子レンジなどで溶かす。
- 卵は室温に戻す。
- マフィン型に紙カップをセットする。
- オーブンを210℃に予熱する。

材料 [直径7cmのマフィン型6個分]

薄力粉	140g
ベーキングパウダー	6g
砂糖	140g
バター	110g
全卵	60g
牛乳	60g
＊バナナのキャラメリゼ	
グラニュー糖	30g
生クリーム	25g
バナナ	2本

ソーダブレッド

アイルランド生まれのパンで、ビスケットのようなカリカリとした食感が特徴です。
素朴な味なので、くるみやレーズン、ベーコンやチーズなど、
具材を練りこんで焼いてもおいしいです。手で適当な大きさにちぎって、
マーマレードやジャムをつけていただきます。紅茶と一緒に朝食にどうぞ。

5章 クイックパン

Total	焼き	成形	ベンチタイム	混ぜる
100分	25～30分	5分	60分	10分

材料 [直径約15cm・1個分]

強力粉 …………………… 250g
ベーキングパウダー … 5g
砂糖 ……………………… 10g
塩 ………………………… 1g
バター …………………… 20g
プレーンヨーグルト … 200g

[下準備]

- バターは電子レンジなどで溶かす。
- オーブンを190℃に予熱する。

作り方

1 ボウルに強力粉、ベーキングパウダー、砂糖、塩をふるって入れる。

2 プレーンヨーグルトと溶かしバターを加える。

3 カードで手早く混ぜ、粉っぽさがなくなったらひとまとめにする。

サックリと切るように混ぜましょう。

4 ラップに包んで、約60分冷蔵庫で寝かせる。

5 丸く形を整えて4cmの厚さにし、オーブンシートを敷いた天板に置く。

6 生地表面に茶こしを使って強力粉（分量外）をふり、クープナイフで十字にクープを入れる。190℃のオーブンで25～30分焼く。

190℃
25～30分

グッド・プレイン・ビスケット

サックリとした食感が楽しめるシンプルな焼き菓子パンです。
サワークリームをたっぷり加えた生地ですが、焼くと酸味がとんでクリームのまろやかさが残ります。
上手に作るコツは粉類とバターを冷凍庫で冷やしておくこと。
サワークリームをたっぷりはさんでどうぞ。

5章 クイックパン

| Total 100分 | 焼き 25〜30分 | 成形 5分 | ベンチタイム 60分 | 混ぜる 10分 |

作り方

1 ボウルに冷凍庫で冷やしておいた薄力粉、ベーキングパウダー、塩をふるって入れる。

2 冷凍しておいたバターを加えてカードで切るように細かくする。

3 牛乳とサワークリームを加えてカードで切るように手早く混ぜる。粉っぽさがなくなったらひとまとめにする。

4 手で押さえて3cmの厚さにし、正方形に形を整えてラップで包む。約60分冷蔵庫で寝かせる。

5 めん棒で1.5cmの厚さにのばし、型で8個抜く。

6 オーブンシートを敷いた天板に並べ、生地表面にはけで牛乳（分量外）を塗る。210℃のオーブンで25〜30分焼く。

210℃ 25〜30分

材料 [直径約6cm・8個分]

薄力粉 …………………… 250g
ベーキングパウダー … 4g
塩 ………………………… 1g
バター …………………… 70g
牛乳 ……………………… 100g
サワークリーム ……… 70g

[下準備]

- バターは1cm角にカットして冷凍する。
- 薄力粉、ベーキングパウダー、塩は一緒にして冷凍庫で冷やす。
- オーブンを210℃に予熱する。

あずき大まで小さくしましょう。

スコーン

イギリス風アフタヌーンティーに欠かせない、紅茶のおともにぴったりなスコーン。
外はさっくり、中はしっとりしていて、焼き上がりは格別のおいしさがあります。
翌日など、冷めてから食べる場合は、トースターで温めてみて。
はちみつをかけたり、生クリームを添えて食べるのがおすすめです。

5章 クイックパン

Total	焼き	成形	ベンチタイム	混ぜる
90分	15〜20分	5分	60分	10分

材料［直径約5cm・12個分］

薄力粉	250g
ベーキングパウダー	8g
砂糖	65g
塩	1g
バター	65g
全卵	50g
牛乳	70g

［下準備］

- バターは室温に戻す。
- オーブンを200℃に予熱する。

作り方

1 ボウルにバターを入れ、泡立て器でクリーム状になるまで練る。砂糖を少しずつ加えて混ぜ、塩を入れて白っぽくなるまで混ぜる。

2 卵と牛乳を合わせて少しずつ加え、よく混ぜる。

3 薄力粉、ベーキングパウダーをふるって加え、カードで切るように手早く混ぜる。粉っぽさがなくなったらひとまとめにする。

4 手で押さえて3cmの厚さにし、正方形に形を整えてラップで包む。60分以上冷蔵庫で寝かせる。

5 めん棒で2cmの厚さにのばし、型で12個抜く。

6 オーブンシートを敷いた天板に並べ、生地表面にはけで溶き卵（分量外）を塗る。200℃のオーブンで15〜20分焼く。

200℃ 15〜20分

レーズンなど、具材を加えたいときは、混ぜ終わった後に入れましょう。

アスパラとソーセージのケークサレ

5章 クイックパン

ケークサレとは、フランス生まれの塩ケーキのこと。
ケーキとはいうものの甘くないので、お惣菜パンとして好まれています。
生地に肉や魚、野菜などをたっぷり入れて、パウンド型で焼き上げましょう。
ここでは、アスパラとソーセージを生地に練り込み、
プチトマトをのせて彩りよく仕上げました。

Total	焼き	混ぜる
35分	25〜30分	10分

> だまが残っていても具材が混ざればOK!

作り方

材料 [18cmのパウンド型1台分]

薄力粉	105g
ベーキングパウダー	4g
砂糖	10g
塩	3g
全卵	100g
牛乳	60g
サラダ油	40g
オリーブオイル	25g
ピザ用チーズ	40g
ソーセージ	60g
アスパラガス	3本
プチトマト	6個

[下準備]

- パウンド型に紙（オーブンペーパーなど）を敷く。
- オーブンを180℃に予熱する。

1 ソーセージは1cm長さに切る。アスパラガスはピーラーで皮をむき、1cm長さに切る。プチトマトはヘタを取って半分に切る。

2 ボウルに薄力粉、ベーキングパウダー、砂糖、塩をふるって入れる。

3 卵、牛乳、サラダ油、オリーブオイル、チーズを加えて泡立て器で軽く混ぜる。

> 粉っぽさが残っていてもある程度混ざればOK!

4 ソーセージとアスパラガスを加えてゴムベラで軽く混ぜる。

5 型に生地を入れて、表面にプチトマトを並べる。180℃のオーブンで25〜30分焼く。

180℃ 25〜30分

6 焼き上がったら15cmぐらいの高さから型ごと落としてショックを与え、空気を抜く。型からはずして網などにのせ、あら熱をとる。

グリッシーニ

イタリア発祥のパンで、細長いスティック状の形が特徴的です。
クラッカーのようなサクッと軽い食感は、ワインのおともにぴったり。
オリーブオイルやバターをつけたり、
サラダや生ハムなどと一緒に食べると、また違った味わいが楽しめます。
生地を細長くのばすときには、太さを均一にしましょう。

5章 クイックパン

Total	焼き	成形	ベンチタイム	こね
65分	13〜15分	10分	30分	10分

材料 [25〜30本分]

強力粉	375g
ベーキングパウダー	2g
砂糖	5g
塩	5g
水	190g
オリーブオイル	10g

[下準備]

- オーブンを210℃に予熱する。

作り方

1 ボウルに強力粉、ベーキングパウダー、砂糖、塩をふるって入れる。

2 水とオリーブオイルを加えて手でこねるようにして混ぜる。

3 粉っぽさがなくなったらひとまとめにしてラップで包み、約30分冷蔵庫で寝かせる。

4 めん棒で1cmの厚さにのばし、1cm幅にカットする。

5 手でコロコロ転がして形を整え、25〜30cmの長さにする。

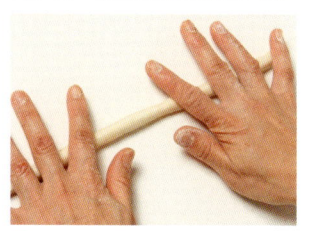

> 太さを均一に！
> 指で転がすようにすると
> 力加減が
> うまく調節できます。

6 天板に並べて210℃のオーブンで13〜15分焼く。

210℃
13〜15分

6章 ホームベーカリーパン

スイッチひとつで出来上がり
ホームベーカリーパン

「手作りパンが食べたいけど、時間と手間がかかるのはちょっと……」
そんな人にはホームベーカリーがおすすめです。
材料を計って入れるだけなのでめんどうな作業は必要なし。
そのうえ、失敗が少なく、
いつでもふわふわの焼きたてパンが楽しめます。
トッピングや材料の配合を変えれば、味は無限大!

6章

トマトとバジルのパン

バターを使わず、オリーブオイルでイタリアンテイストにしました。
トマト風味のパンは、トマトジュースを入れると簡単に作れます。
甘くないパンなので、朝食やランチに、またお酒のおともにしてもよさそうです。

6章 ホームベーカリーパン

おいしい食べ方アドバイス！

トーストしてもおいしいですが、焼きたてをそのまま食べるのがおすすめ。
スティック状にスライスして、オリーブオイルをつけていただきます。
バジルの風味とオリーブオイルの香りが、食欲をそそります。

作り方

1. ドライトマトは細かく刻んでおく。

2. ドライトマト、ドライバジル、ドライイースト以外の材料をパンケースに入れる。

3. ドライトマト、ドライバジルは具材投入口に入れて、ドライイーストはイースト投入口に入れる。

4. ふたをして「食パンコース」・「レーズンあり」・「焼き色・標準」に設定し、スタートさせる。

5. 焼き上がったらパンを網などにのせてあら熱をとる。

材料 [1斤分]

- 強力粉 …………………… 260g
- 砂糖 ………………………… 7g
- 塩 …………………………… 5g
- オリーブオイル ………… 20g
- トマトジュース ………… 70g
- 水 …………………………… 90g
- ドライトマト（オイル漬け）……… 20g
- ドライバジル …………… 3g
- ドライイースト ………… 4g

本書のレシピはパナソニック社のホームベーカリー（SD－BMS102）を使用しています。ほかの機種を使う場合は、添付の説明書にしたがって設定方法などを調整し、作るようにしてください。

6章 ホームベーカリーパン

オレンジ食パン

オレンジの果汁とオレンジピールを入れて
フレッシュな味に仕上げました。
さわやかな朝の食卓に並べば、1日元気になりそうです。
砂糖の入った甘いオレンジジュースを使うときは、
砂糖の量を少し減らすとよいかもしれません。

おいしい食べ方アドバイス！

生クリームや
マスカルポーネチーズと一緒にどうぞ。
オレンジのさわやかな風味に
コクがプラスされ、
贅沢な味わいになります。
写真は、シロップ漬けにしたレモンを
添えています。

作り方

1. オレンジピールは細かく刻んでおく。
2. オレンジピールとドライイースト以外の材料をパンケースに入れる。 
3. オレンジピールは具材投入口に入れて、ドライイーストはイースト投入口に入れる。 
4. ふたをして「食パンコース」・「レーズンあり」・「焼き色・標準」に設定し、スタートさせる。
5. 焼き上がったらパンを網などにのせてあら熱をとる。

材料 [1斤分]

強力粉	250g
砂糖	20g
塩	5g
スキムミルク	5g
バター	20g
卵黄	1個分
オレンジ果汁（市販のオレンジジュースでも可）	120g
水	55g
オレンジピール	20g
ドライイースト	4g

ミルクティーパン

ミルクティーのほんのり甘い香りが漂う上品な味わいのパンです。
ミルクティーとともに紅茶の葉も入れています。
茶葉は、アールグレイなど
香りの強いものを使うといいでしょう。

6章 ホームベーカリーパン

おいしい食べ方アドバイス！

香り豊かな紅茶のパンは、
何もつけなくてもおいしいですが、
手でちぎって、
ミルクティーに浸して食べるのも
おすすめです。
休日の遅めの朝ごはんにぴったり！

作り方

1. ミルクティーを作る。鍋に水を入れて沸騰させ、紅茶の葉を入れて弱火で3分煮出す。牛乳を加えて沸騰直前で火を止める。こし器でこして完全に冷まし、140gを使う。

2. ドライイースト以外の材料と1をパンケースに入れる。

3. ドライイーストをイースト投入口に入れる。

4. ふたをして「食パンコース」・「レーズンなし」・「焼き色・標準」に設定し、スタートさせる。

5. 焼き上がったらパンを網などにのせてあら熱をとる。

材料 [1斤分]

強力粉	260g
砂糖	25g
塩	4g
バター	45g
全卵	30g
紅茶の葉（ティーバッグの中の細かく刻まれたもの）	4g
ドライイースト	3g
＊ミルクティー	
紅茶の葉	5g
水	135g
牛乳	100g

6章 ホームベーカリーパン

ブリオッシュ

フランスのお菓子パンで、ソフトな食感とリッチな味わいが特徴です。
水はもちろん牛乳も使わず、バターと卵がたっぷり入っています。
バターや卵は冷蔵庫でよく冷やしてから使いましょう。

おいしい食べ方 アドバイス！

リッチな生地なので、
サンドイッチやフレンチトーストなど、
いろいろな食べ方が楽しめます。
スティック状にスライスして
粉糖をふれば、
かわいいスイーツに大変身！

作り方

1 ドライイースト以外の材料をパンケースに入れる。

2 ドライイーストをイースト投入口に入れる。

3 ふたをして「食パンコース」・「レーズンなし」・「焼き色・薄」に設定し、スタートさせる。

4 焼き上がったらパンを網などにのせてあら熱をとる。

材料 [1斤分]

強力粉	115g
薄力粉	100g
砂糖	20g
塩	4g
バター	95g
全卵	145g
ドライイースト	2.5g

バターと卵は冷蔵庫でよく冷やし、冷えた状態で使いましょう。タイマー設定は行わず、材料をセットしたらすぐにスタートさせるようにしてください。

バナナショコラ

バナナとココアは相性ぴったりの食材。
焼きたてを口に入れると、バナナの甘い香りがふんわり立ちのぼります。
チョコチップをプラスしてプチプチ感を楽しんでもいいかも！

6章 ホームベーカリーパン

おいしい食べ方アドバイス！

キャラメルバナナと
生クリームをたっぷりはさんで、
ティータイムのデザートに。
ふわふわの食感がケーキのようです。

※キャラメルバナナは
P157の手順1～2を参照してください。

作り方

1 バナナをフォークの背でよくつぶしてピューレ状にする。

2 ドライイースト以外の材料をパンケースに入れる。

3 ドライイーストをイースト投入口に入れる。

4 ふたをして「食パンコース」・「レーズンなし」・「焼き色・標準」に設定し、スタートさせる。

5 焼き上がったらパンを網などにのせてあら熱をとる。

材料 [1斤分]

強力粉	270g
砂糖	25g
塩	5g
ココアパウダー	10g
バター	20g
牛乳	65g
水	80g
バナナ(完熟のもの)	40g
ドライイースト	3g

6章 ホームベーカリーパン

はちみつ食パン

砂糖を使わず、はちみつを入れてやさしい甘さに焼き上げました。
はちみつを入れると、少ししっとりとした生地になります。
はちみつは、ラベンダーやオレンジはちみつなど、香りの強いものを使うのがおすすめ。

おいしい食べ方アドバイス！

はちみつをたっぷりかけてどうぞ。
しっとりやわらかいパンに、
はちみつがよくしみこんで
とてもおいしいです。
翌日以降は、
こんがりとトーストしても美味。

作り方

1. ドライイースト以外の材料をパンケースに入れる。

2. ドライイーストをイースト投入口に入れる。

3. ふたをして「食パンコース」・「レーズンなし」・「焼き色・標準」に設定し、スタートさせる。

4. 焼き上がったらパンを網などにのせてあら熱をとる。

材料 [1斤分]

強力粉	260g
塩	5g
バター	15g
卵黄	20g
牛乳	90g
水	70g
はちみつ	40g
ドライイースト	3g

生クリーム食パン

生クリームと牛乳を入れて、ほんのり甘くミルキーな味に仕上げました。
ホットミルクやコーヒーと一緒に朝ごはんにどうぞ。
きっと楽しい1日が始まります。

6章 ホームベーカリーパン

おいしい食べ方アドバイス！

ほんのり甘みがあるので、
シンプルにバターを塗って食べるのが
おすすめです。
厚めにスライスして、
少し強めの焼き色がつくくらいに
トーストを。

作り方

1. ドライイースト以外の材料をパンケースに入れる。

2. ドライイーストをイースト投入口に入れる。

3. ふたをして「食パンコース」・「レーズンなし」・「焼き色・標準」に設定し、スタートさせる。

4. 焼き上がったらパンを網などにのせてあら熱をとる。

材料 [1斤分]

強力粉	260g
砂糖	20g
塩	5g
バター	10g
生クリーム	60g
牛乳	40g
水	100g
ドライイースト	4g

黒豆きな粉パン

きな粉をベースに黒豆甘納豆を入れた和風テイストの食パンです。
焼きたてのうちに食べるのがおすすめですが、
焼いた翌日は軽くトーストすると、きな粉の香りが引き立ちます。

6章 ホームベーカリーパン

おいしい食べ方アドバイス！

和風テイストなので、
あんこや黒みつなどの和素材が
よく合います。
キューブ状にカットしたパンを積み重ねて、
あんこと生クリームをのせれば、
プチデザートの出来上がり！

作り方

1. 黒豆甘納豆とドライイースト以外の材料をパンケースに入れる。

2. 黒豆甘納豆は具材投入口に入れて、ドライイーストはイースト投入口に入れる。

3. ふたをして「食パンコース」・「レーズンあり」・「焼き色・標準」に設定し、スタートさせる。

4. 焼き上がったらパンを網などにのせてあら熱をとる。

材料 [1斤分]

強力粉	225g
きな粉	35g
砂糖	20g
塩	5g
スキムミルク	7g
バター	15g
水	165g
黒豆甘納豆（普通の甘納豆でもOK）	60g
ドライイースト	3g

6章 ホームベーカリーパン

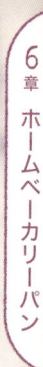

玄米ごはんの食パン

ビタミンたっぷりの"玄米ごはん"を具材にした体にうれしい食パンです。
食感がモチモチしているので、食べ応え十分!
ごはんは完全に冷ましてから使いましょう。

おいしい食べ方アドバイス！

食べ応えがあるので、食事パン向き。ここでは、軽くトーストして、ベーコン、レタス、トマトをはさんで、BLTサンドにしました。

作り方

1. 玄米ごはんとドライイースト以外の材料をパンケースに入れる。

2. 玄米ごはんは具材投入口に入れて、ドライイーストはイースト投入口に入れる。

3. ふたをして「食パンコース」・「レーズンあり」・「焼き色・標準」に設定し、スタートさせる。

4. 焼き上がったらパンを網などにのせてあら熱をとる。

材料 [1斤分]

強力粉	250g
砂糖	20g
塩	6g
スキムミルク	7g
バター	20g
水	165g
玄米ごはん	60g
ドライイースト	4g

ライ麦とくるみのパン

ライ麦粉を入れたカントリー風の素朴な味わいです。
くるみは、オーブンでローストしてから加えています。
カリッと香ばしいくるみがいいアクセントになっていて、かむほどに味わいが増します。

6章 ホームベーカリーパン

おいしい食べ方アドバイス！

素朴な味のパンに、
風味豊かなカマンベールチーズが
よく合います。
ワインのおつまみにもよさそう！
薄くカットしてトーストし、
カリカリといただくのもまた格別です。

作り方

1. くるみは150℃のオーブンで10分焼き、あらめに刻む。完全に冷めてから使う。

2. くるみとドライイースト以外の材料をパンケースに入れる。

3. くるみは具材投入口に入れて、ドライイーストはイースト投入口に入れる。

4. ふたをして「食パンコース」・「レーズンあり」・「焼き色・標準」に設定し、スタートさせる。

5. 焼き上がったらパンを網などにのせてあら熱をとる。

材料 [1斤分]

強力粉	220g
ライ麦粉	40g
砂糖	20g
塩	6g
バター	20g
水	170g
くるみ	50g
ドライイースト	3g

レーズン食パン

人気の高い定番パンも、ホームベーカリーで楽しめます。
レーズンはラム酒やブランデーに漬けておくと、
濃厚な味わいになるので試してみてください。
ただし、水気は切ってから使うこと。

6章 ホームベーカリーパン

おいしい食べ方アドバイス！

ふわふわの食感を味わうのもいいですが、
薄めにカットして、
少し強めにトーストすると、
サクサクカリッとした食感が楽しめます。
バターやチーズとの相性もいいです。

作り方

1. レーズンとドライイースト以外の材料をパンケースに入れる。

2. レーズンは具材投入口に入れて、ドライイーストはイースト投入口に入れる。

3. ふたをして「食パンコース」・「レーズンあり」・「焼き色・標準」に設定し、スタートさせる。

4. 焼き上がったらパンを網などにのせてあら熱をとる。

材料 [1斤分]

強力粉	250g
砂糖	20g
塩	6g
スキムミルク	7g
バター	20g
水	170g
レーズン	65g
ドライイースト	3g

洋菓子店で2年間製菓助手を経験した後、渡仏。世界でも名高いパリの製菓学校「リッツ・エスコフィエ」にてフランス菓子を学び、ディプロムを取得する。また、ホテルリッツの厨房で2週間研修を受ける。帰国後、ホームメイド協会ケーキコースの講師を2年間務め、現在は、パンとお菓子の教室「ア・ターブル」を主宰している。教室は「家庭で作れる気軽においしいフランス菓子」をコンセプトに人気を集め、遠方から通う生徒も多い。「パリのパン屋さんクラス」も好評。著書に「はじめてのおいしいケーキ」(成美堂出版)、「手のひらサイズのベイクドケーキ」(日本文芸社)などがある。

【著者】栗山有紀(くりやまゆき)

パン&お菓子教室「ア・ターブル」(東京都町田市)
http://www.cake-atable.com

本書の内容に関するお問い合わせは、書名、発行年月日、該当ページを明記の上、書面、FAX、お問い合わせフォームにて、当社編集部宛にお送りください。電話によるお問い合わせはお受けしておりません。
また、本書の範囲を超えるご質問等にもお答えできませんので、あらかじめご了承ください。
　FAX：03-3831-0902
　お問い合わせフォーム：http://www.shin-sei.co.jp/np/contact-form3.html

落丁・乱丁のあった場合は、送料当社負担でお取替えいたします。当社営業部宛にお送りください。
法律で認められた場合を除き、本書からの転写、転載(電子化を含む)は禁じられています。代行業者等の第三者による電子データ化及び電子書籍化は、いかなる場合も認められていません。

パンの教科書ビギナーズ

著　者	栗　山　有　紀
発行者	富　永　靖　弘
印刷所	株式会社新藤慶昌堂

発行所　東京都台東区台東2丁目24　株式会社 新星出版社
〒110-0016　☎03(3831)0743

© Yuki Kuriyama　　　　　　　Printed in Japan

ISBN978-4-405-09203-7